特別支援教育の視点で考える学級担任の仕事術100

増田謙太郎 著

明治図書

はじめに

「困っている子どものために特別な支援をしてあげたい。だけど，とても手が回らない！　そんな時間も余力もない！」

そんな悲鳴があちこちの学級担任から聞こえてきます。学級担任の努力不足でしょうか？　そんなことはありません。

したいことはある。でも，その時間や余力がない。

それならば，なるべく近道をして最適解にたどりつくための「仕事術」があるとよいのではないでしょうか。

本書は，特別支援教育の視点で学級担任の100の「仕事術」を集めてみました。この「仕事術」が，「困っている子どものために特別な支援をしてあげたい」という学級担任の先生方の思いに応えられたら幸いです。

さて，学級担任にとって，特別支援教育の視点での「仕事術」とは，どのようなものなのでしょうか。

学級担任にとっては，まず学級の「集団」を動かすテクニックが必要です。その上で，日々の授業を回していく教科の学習への理解も欠かせません。

一方，特別支援教育の視点だと，「集団」というよりは，一人ひとりの「個」の子どもたちを考えます。

そう考えると，特別支援教育の視点での学級担任の「仕事術」とは，「集団」に対しての指導を行うにあたって，「個」の子どもに柔軟に対応するテクニックであるということができます。

そのような視点で，本書では，特別支援教育の視点で考える「仕事術」を，ジャンルごとにわかりやすく編集しました。

1章は「特性に応じた指導のための仕事術」です。学級の「集団」の中に

は，様々な特性のある子どもたちがいます。とはいえ，その多様な子どもたち，すなわち「個」にどのように対応していけばよいのでしょうか。

　まずは，比較的よく知られている特性についての知識を得ることです。そして，その特性ごとの指導・支援のポイントをつかむことです。それが「特性に応じた指導のための仕事術」になります。

　2章は「学級担任が困ってしまう『子どもの行動』への仕事術」です。通常の学級の「集団」の中ではなかなか対応しきれない子どもの「個」の行動に困ってしまい，本書を手にとった方も多いのではないかと思います。

　ここでは「キレてしまう」「切り替えができない」「集中できない」など，教室でよく見られる子どもの行動面について，1つはすぐ問題解決につながるようなトラブルシューティング的な対応，もう1つは問題が大きくならないようにする未然防止のための方法，この2つを考えてみました。

　3章は「発達障害のある子どもが過ごしやすい学級経営の仕事術」です。今，どの学級にも発達障害のある子どもがいることが前提となっています。ですので，発達障害のある子どもにとって過ごしやすい「集団」をつくっていくことが必要です。

　「教室の座席」や「掲示物」といった「集団」全体に関わることが，「個」の子どもにどのように影響するのか。どのように工夫すれば，発達障害の子どもも過ごしやすい学級になっていくのかということを考えてみます。

　4章は「特別な支援が必要な子どもの保護者対応の仕事術」です。保護者対応で多くの時間や労力を必要とすることも多いのではないでしょうか。

　保護者対応もある意味で「集団」と「個」を意識する必要があります。特に特別な支援を必要とする子どもの保護者対応は，「個」を考えがちですが，保護者全体の「集団」とのバランスをとることも大切です。

5章は「通級・特別支援学級との連携の仕事術」です。通級指導教室はまさに「個」に特化した学びの場ですが，そこでの学びを学級の「集団」につなげていくためには，学級担任の細やかな仕事術が必要です。

　また，校内に特別支援学級がある場合，特別支援学級という「集団」と通常の学級という「集団」の交流には，やはり仕事術が欠かせません。

　6章は「『個別の指導計画』作成の仕事術」です。当然，「個別の指導計画」は，作成すること自体が目的ではありません。いかに「個」の子どものために有益な資料にしていくかが問われます。

　「個」の子どもの実態が異なるからこそ，「個別の指導計画」の作成にあたって苦労されることも多いでしょう。作成に必要な仕事術を身につければ，よりスムーズに作成することが可能です。

　7章は「教科指導における特別な支援の仕事術」です。教科指導において，「集団」に対する指導と「個」に対する指導を両立させるのはなかなか難しいことです。

　しかし，教科の特性に応じた特別な支援の方法を考えることによって，そのハードルは下がるかもしれません。本章は，学習指導要領解説に記載された事項をわかりやすく表現し直しました。

　このようなバラエティに富んだ仕事術の本ですので，どこからでも，必要な箇所からお読みください。

も く じ

はじめに

1章　特性に応じた指導のための仕事術

仕事術

01 視覚優位の子どものために，口頭だけでなく視覚化する／02 聴覚優位の子どものために，視覚化してあるものを言葉でも伝える／03 継次処理型の子どもには，順序性を生かした支援をする／04 同時処理型の子どもには，全体像をわかりやすくする／05 発達障害の子どもは「アンバランスさ」があることを理解する／06 それぞれの障害特性について，ざっくり理解する

2章　学級担任が困ってしまう「子どもの行動」への仕事術

仕事術

07 感情が生じたあとの「行動」をターゲットにする／08 場面ごとに比較して「情報集め」をする／09「ルールチェンジ」を支援する／10 ルールについて感情面にアプローチする／11 視覚的，聴覚的に情報を目立たせる／12 余裕の時間（アイドルタイム）を設ける／13 いろいろな視覚的支援を行う／14 聞き取りやすい環境をつくっていく／15 認知特性の違いに配慮したユニバーサルデザイン的な指導を考える／16「何のために練習をしないのか」という子どもの目的を探る／17 子どもが自分にとっての「集中できる」学び方を見つける機会をつくる／18「例えば，こういう方法があるよ」と提案していけるようにする／19 クラス全体で「注目する」ためのトレーニングを行う／20 板書やワークシートなどを「注目しやすく」する／21 安心して活動に参加できるようなルールや約束を設定する／22 不安をやわらげるために何ができるかを，子どもと一緒に考える／23 学級全体を対象にした「過敏さ」への支援を考える／24 周りの子どもに，「必要なことがあれば誰でも同じようにできる」ということを説明していく／25 ちょっとだけ離席することを認めるルールをつくる／26 役割を与えて，離席することを許容する／27 場所やルールを構造化する／28「注意する」以外の方法を考える／29「生活リズム」の改善を無理なく指導する／30 粘り強さと柔軟性をもって指導する／31 障害の特性に応じた子どもの行動の見取りから指導につなげる／32 子どもによって異なる様相に着目する

3章　発達障害のある子どもが過ごしやすい学級経営の仕事術

> **仕事術**

33 ネガティブな見方を，ポジティブに変換する／34「特別な支援」そのものをポジティブにしていく／35 子どもの実態に応じた座席の場所を考える／36 どの位置だと見やすいのかを一緒に確認する／37 子どもと「掲示物」の関係を考える／38 掲示する子どもの作品は，子どもが選べるようにする／39 授業中のトラブルは，「周りの子ども」に配慮する／40「形式的な解決」を見直す／41 子どもの指導からちょっと手が離れたときに情報交換をする／42 子どものナマ情報を交換する／43 特別な支援が必要な子どもを「多層指導モデル」で整理する／44 ステージに応じた対応をする

4章　特別な支援が必要な子どもの保護者対応の仕事術

> **仕事術**

45 建設的な話し合いの下地づくりから始める／46 あらかじめ「終わらせる」方法を考えておく／47 4月の保護者会では第一印象をよくする／48 理解啓発は慎重に行う／49 全てを受け入れるのではなく，「共感」する／50「戦闘モード」の保護者は，「安心モード」に変えていく／51 適切な情報を子どもや保護者に提供する／52 子どもや保護者の思いに寄り添う

5章 通級・特別支援学級との連携の仕事術

仕事術

53 誰が困っているのかを明確にする／54 実現可能で具体的な指導目標を考える／55 通級の先生が参観に来ることを子どもに知らせる／56 子どもたちにとっての教育的な効果を意識する／57 専門家同士のコンサルテーションの場にする／58 子どもの困っていることが具体的に伝わるようにする／59 特別支援学級で作成された「個別の指導計画」を確認する／60 子どもが1人で授業に参加しても，戸惑わないような配慮をする／61 行事の特徴や子どもの実態に応じて，柔軟な対応を考える／62 システム的に連絡漏れを防げるようにしていく

6章 「個別の指導計画」作成の仕事術

7章　教科指導における特別な支援の仕事術

1 章

特性に応じた指導のための
仕事術

■優位な特性に対応する
■認知処理の特性に対応する
■障害の特性に対応する

優位な特性に対応する

仕事術 01 視覚優位の子どものために，口頭だけでなく視覚化する

　特別支援教育では，「特性」という言葉がよく使われます。

　「特性」とは，その子どもがもつ特徴的な性質のことです。

　例えば，「あの子どもは，話を聞くのは苦手だけれど，書いたものを見れば物事を理解できる」といったようなことは，その子どもの「特性」であるといえます。なぜなら，それは全ての子どもに当てはまることではないからです。

　したがって，子どもに応じた指導や支援を考える際には，まず，その子どもの「特性」は何かということを考えてみるとよいのです。

　子どもたちの「特性」として有名なものに，「視覚優位」と「聴覚優位」というものがあります。

　「視覚優位」とは，「視覚」が優位です。聴覚などに比べたら「視覚」で情報を処理することが優位です。つまり，聞くことよりも「見る」ことが得意ということです。

　聞くことよりも「見る」ことが得意なのですから，「口頭で伝えるだけではなく，見てわかるようにする」こと（視覚化すること）が，「視覚優位」の子どもには有効です。

　学級担任としては，何か子どもたちに伝えたいことがあったときに，口頭で伝えることの方が手間もかからず簡単です。そのため学級担任にとって，

視覚化することはひと手間かかることになります。しかし，そのひと手間によって，「視覚優位」の子どもは助かるのです。

　視覚化する方法は，黒板に書く，モニターで示す，カードにする，掲示物にする，などいろいろあります。

●学校で視覚化した方がよいこと

・教師の指示

　口頭だけの指示は，その指示を聞き取れなかったり，覚えていられなかったりする子どもが出てきます。視覚化されると，覚えやすくなります。

・予定

　時間割や授業の流れといった「予定」が視覚化されると，子どもたちは「次に何をしたらよいか」を考えやすくなります。

・めあて

　授業において，その授業の「めあて」を子どもに意識させることは大切です。これも視覚化することで，子どもたちが意識しやすくなります。

聴覚優位の子どものために，
視覚化してあるものを言葉でも伝える

　一方，「聴覚優位」とは，「聴覚」が優位です。視覚などに比べたら「聴覚」で情報を処理することが優位です。つまり，見ることよりも「聞く」ことが得意ということです。

　見ることよりも「聞く」ことが得意なのですから，「視覚化しておくだけではなく，言葉でも伝える」ことが，「聴覚優位」の子どもには有効になります。

　「教師の説明」は，話し言葉によって行われます。

　「子ども同士の話し合い」も，話し言葉によって行われます。

　学校のいろいろな活動は，話し言葉を中心に行われることが圧倒的に多いのです。

　そう考えると，学校という場は「聴覚優位」の子どもに合った方法で進められることが多いといえます。「聴覚優位」の子どもは，見ることよりも「聞く」ことが得意な子どもですから，学校という場には比較的適応しやすいと考えられます。

　むしろ，聴覚優位の子どもは「聞く」ことが得意なので，学校ではほめられて育っている可能性も高いです。

　しかし，学校にも視覚化されたものは多くあります。視覚化されたものについて，「見ればわかるでしょ！」という対応を教師がしてしまうと，「聴覚優位」の子どもが困ってしまう場面もあるのです。

●学校で聴覚化した方がよいこと
・掲示物

　掲示物は，視覚的なものです。教師からすれば，掲示物を貼っているので

「見ればわかるでしょ！」と言いたくなります。

　しかし，聴覚優位の子どもは，見てわかるよりは「聞いて」わかる方が得意なわけです。「見ればわかるでしょ！」という方法は，聴覚優位の子どもにとって適切な対応とはいえません。

　掲示物を貼った上で，その内容を言葉で伝えていくことで，聴覚優位の子どもは理解しやすくなります。

・板書

　板書も掲示物と同じで，視覚的なものです。板書して「見ればわかるでしょ！」とするのではなくて，板書した内容を話すことで，聴覚優位の子どもは理解しやすくなります。

　よく道徳科の授業などで，キーワードをマッピングするような板書のスタイルがあります。これは視覚優位の子どもには相性がよいですが，聴覚優位の子どもにとっては意外とわかりにくいものなのです。

・教科書

　教科書も視覚的な教材です。

　聴覚優位の子どもは，教科書をパッと見て理解することが苦手な場合があります。教師が読んであげたり，音読したりする方が理解しやすくなります。

　学校には「視覚優位」の子どもも，「聴覚優位」の子どもも，どちらも存在します。「視覚優位でも聴覚優位でもない」という子どももいます。

　どちらかの特性に偏った指導を行っていると，その方法に合わない子どもは学びにくくなってしまいます。

　子どもの特性を理解した上で，バランスよく対応していくことが，学級担任には求められます。

認知処理の特性に対応する

仕事術 **03** 継次処理型の子どもには，
順序性を生かした支援をする

「特性」とは，その子どもがもつ特徴的な性質のことでした。

視覚，聴覚のような感覚による特性もありますが，視覚，聴覚で得た情報を「どのように理解していくのが得意なのか」という特性もあります。それを「認知処理の特性」と，ここでは呼ぶことにします。

学級担任が子どもに「何かを教える」という場面において，子どもの「認知処理の特性」はよく見られることです。

「あの子どもは，一つひとつ順番に教えた方が理解しやすい」とか，「あの子どもは，ある程度最初に全部教えた方が理解しやすい」とか，子どもによって，どのように教えたら理解しやすいかに違いを感じることがあるでしょう。つまり，子どもに「何かを教える」ときには，子どもが「物事をどのように理解していくのが得意なのか」という違いをもとに教え方を変えていくと効果的だということです。

「物事をどのように理解していくのが得意なのか」という「認知処理の特性」は，大きく分けて２つのタイプが知られています。

まずは，「一つひとつ順番に教えてもらった方が理解しやすい」タイプの子どもです。このタイプは**「継次処理型」**といいます。

継次処理型タイプの子どもは，情報を１つずつ時間的な順序によって処理

していくことが得意といわれています。継次処理型のキーワードは「順序性」です。

●継次処理型タイプの子どもに有効な方法
・ひらがなや漢字などの文字を覚える場合

　文字を覚えるための指導で,「筆順」を意識させるということがあります。「筆順」は,文字どおり順序性です。したがって,「筆順」を丁寧に指導することは,継次処理型の子どもに有効な方法なのです。

　また,漢字の場合は,「横」「縦」「点々」など,運筆を声に出して言いながら覚える方法があります。これも順序性に基づいた指導であり,継次処理型の子どもに有効な方法といえます。

・作文を書く場合

　まず,書きたい事柄を付箋紙やカードなどに書くようにします。そして,それらを並べ替えたり,組み合わせたりしながら,作文全体を構成するようにします。この方法は,順序性を生かしているので,継次処理型の子どもに有効です。

・長めの物語文や説明文を読む場合

　段落ごとに読んでいくことや,途中途中で立ち止まりながら疑問に思ったことを考えたり,分析したりしながら読み進めていくことは,順序性を生かしているので,継次処理型の子どもに有効です。

　このように考えると,一般的に「丁寧な指導」とみなされる指導です。「認知処理の特性」の視点から見たら,「丁寧な指導」とは,一つひとつ順序立てて段階的に理解するのが得意な継次処理型タイプに有効な指導であるといもいえます。

同時処理型の子どもには，全体像をわかりやすくする

「ある程度最初に全部教えてもらった方が理解しやすい」タイプの子どもは「同時処理型」といいます。

「同時処理」とは，情報の関連性に着目して全体的に処理していくことです。同時処理型のキーワードは「全体像」です。

●同時処理型タイプの子どもに有効な方法

・ひらがなや漢字などの文字を覚える場合

筆順は継次処理型の子どもには有効でしたが，同時処理型の子どもにとっては全体像が把握できないので，あまり相性がよくありません。

それよりは文字カードや絵カードのような教材を使用して，文字の全体像を把握できるようにすると，同時処理型の子どもに有効な方法となります。

また，漢字の場合は，漢字の形だけでなく，漢字がもつ意味の理解もあわせて指導すると，より漢字の「全体像」を捉えやすくなります。

・作文を書く場合

順番に作文を構成していくような方法だと，同時処理型の子どもはまどろっこしく感じてしまうことが多いです。

それよりは，まず一気に書きたいことを全部書いてしまう方が，全体像を把握できるので，同時処理型の子どもには合っています。

まず全体を書きあげてから，細部を修正したり，校正をしたりしていくようにすると，同時処理型の子どもは取り組みやすくなるでしょう。

・長めの物語文や説明文を読む場合

　まず，全文を通して読んだり，挿絵などを手がかりにしたりして，文章の概要，つまり全体像をつかめるようにしていくことが，同時処理型の子どもには有効です。

　または，最初に問いを設定してから文章を読んでいくという方法も，文章を読んで得たい情報は何かということを明らかにしてから文章を読み進めていくことになるので，もっと大きな意味での全体像を把握しやすくなることにつながります。

　言い方は悪いですが，継次処理型の指導に比べ，同時処理型の指導はなんとなく「おおざっぱな指導」「雑な指導」という印象かもしれません。

　しかし，「認知処理の特性」の視点から見たら，それは学習の全体像を子どもに理解させやすくなる方法であるということができます。この指導は同時処理型の子どもにとっては，学びやすい方法であるのです。

　継次処理型と同時処理型という，この２つの「認知処理の特性」によるタイプを知っておくと，普段の様子から「あの子どもは継次処理型かも」というように気づくことがあるかもしれません。そうすると，子どもの「認知処理の特性」が見えてきます。

　もし支援を必要とする子どもの「認知処理の特性」がわかれば，「あの子は継次処理型だから，一つひとつ順番に教えるようにしよう」という指導の方法が浮かび上がります。

　見方を変えると，「なぜこの方法はうまくいかないのだろう」という理由がわかることもあります。同時処理型の傾向が強い子どもに，継次処理型の指導方法を用いてもうまくいかないということです。その反対も同じです。

障害の特性に対応する

発達障害の子どもは「アンバランスさ」が あることを理解する

　「優位な特性」「認知処理の特性」について見てきましたが，今度は，「障害の特性」について紹介していきます。

　通常の学級には，発達障害の診断を受けている子ども，あるいは診断されてはいないけれど発達障害ではないかと思われる子ども，発達障害とまではいえないけれど「なんとなく発達障害っぽい」傾向が見られる子どもなどがいます。

　発達障害の子どもの特性を一言でいうならば「アンバランスさ」といえます。

　以下のような子どもたちの例もアンバランスさというキーワードがあると理解しやすいのではないでしょうか。

・Aさんは，大人のように上手にお話しすることができる。しかし，友達にはなかなかうまく関われない
・Bさんは，とても行動力がある。しかし，トラブルもたくさん起こしてしまう
・Cさんは，文字を書いたり，読んだりすることは問題なくできる。しかし，計算が全くできない

このような子どもたちのアンバランスさは，誤解されやすさにつながります。

ちゃんとできることがあるので，できないことが目立ってしまうのです。「なんでそれくらいできないの？」「努力がたりないんじゃないの？」「ふざけているんじゃないの？」と言いたくなってしまうこともあると思います。

子どもからしたら，学校で一番信頼を置くべき学級担任に，できないことを理解してもらえないということは，とてもつらいことです。

「どうして，みんなと同じようにできないのだろう」「もしかして，自分はおかしいのではないだろうか」と，子ども自身も，そのようなアンバランスさに悩むことがあります。

したがって，学級担任として，発達障害の子どもに対応するときは，このアンバランスさを理解することが，まず必要です。

発達障害の子どもにはアンバランスさがあるものだと理解していれば，その後の対応も変わってくるでしょう。

それぞれの障害特性について，ざっくり理解する

学級担任として専門的ではなくても，LD（学習障害），ADHD（注意欠如・多動症），ASD（自閉スペクトラム症）の子どもの一般的な特徴と支援の方法について，ざっくりと理解しておくとよいでしょう。

●LD（学習障害）の子どもの特徴と支援の方法

LDの子どもは，文字や文章を書くことや読むことなど，教科の学習をする上で困難が見られることがあります。

しかし，視覚優位や聴覚優位といった感覚面の優位な特性に応じた指導を行ったり，継次処理型や同時処理型といった認知処理の特性に応じた指導を

行ったりすることで，「この方法ならできる」という可能性があります。

　つまり，LD の子どもを指導する際のポイントは**「学び方の違いを認める」**ことです。

　もし，学級担任が「文字を覚えるためにはこの方法以外認めない」という方針をとってしまうと，LD の子どもたちはうまく学べないことになりやすいのです。

● ADHD（注意欠如・多動症）の子どもを支援する方法

　ADHD は**不注意タイプ**と，**多動性・衝動性タイプ**の 2 つが知られています。（両方の特性をもつタイプもあります）

　不注意タイプは，例えば，授業中に教師の話を聞いているようで聞いていないといったことがあります。これは教師の話に対して注意を払っていない，つまり不注意だからということです。

　また，中学生くらいになると，定期テストで違った範囲を勉強していたといったこともよくあります。細かいミスをしてしまうということも，不注意だからといえます。

　一方，多動性・衝動性タイプは，授業中に落ち着きがなくて，どこかモゾモゾと動いているといった様子が見られることがあります。これは多動，つまり動きが多い状態といえます。

　また，1 つのことをやっていたかと思うと，急に違うことをやり始めることもあります。これは衝動性の問題であり，自分を統制する力が弱いからだということもできます。

　どちらのタイプの ADHD の子どもにも，**「短時間でできる課題を複数用意する」**という方法が有効なことが多いです。不注意タイプの子どもにとっては，一つひとつの課題が小さい方が，ミスしてしまったときもリカバリーが早くできます。多動性・衝動性タイプの子どもにとっては，課題が複数あった方が，いろいろな活動に取り組めるので，学習しやすくなります。

● ASD（自閉スペクトラム症）の子どもを支援する方法

　ASDの子どもは，物事について独特の捉え方をすることがありますが，システム的に整理されたものとは相性がよい傾向があります。

　システム的に視覚的な情報を整理することを「構造化」と呼びます。

　例えば，板書では，この授業で，何の学習をするのか，どのような手順で行えばよいのかを，わかりやすく示しておくのです。つまり，授業のシステムを整理して示しておくということです。このような板書は「構造化された板書」であるということができます。

Column
「子どもを観察すること」のテクニック

　教師が子どもの特性に気づくためには，「子どもを観察すること」が必要です。

　どのようなことに興味をもっているのか，どのような関わりを好むのか，どのようなときに落ち着かなくなるのか，といったことは「子どもを観察すること」で把握できるといわれています。

　しかし，ただ漫然と子どもの様子を見ているだけでは，それは「子どもを観察すること」にはなりません。

　「子どもを観察すること」には，2つのキーワードが必要です。

　それは，「問い」と「仮説」です。

　ここでいう「問い」とは，「どうして，この子どもは落ち着かないのだろう？」「なぜ，この子どもはうつむいているのだろう？」といった「どうして」「なぜ」から始まる疑問です。

　「仮説」とは，「もしかしたら，この子どもが落ち着かないのは，教室がうるさいからではないか？」「もしかして，この子どもは寝不足だからうつむいているのではないか？」といった，「もしかしたら」「もしかして」から始まる予想です。

　「仮説」は，もちろん最初からあたっている必要はありません。主観的な教師の勘のようなものでも，まずはよいでしょう。もし合っていたらラッキー。外れていたら，また違う「仮説」を考えればよい。そのくらいに考えておくとよいでしょう。最初から完璧を求めないことです。

　「子どもを観察すること」における「問い」と「仮説」は，繰り返し実践することで，精度が高まっていきます。「問い」と「仮説」を考えながら，「子どもを観察すること」をお試しください。きっと子どもの特性に気づけるようになっていくはずです。

2章

学級担任が困ってしまう「子どもの行動」への仕事術

- ■「キレる」への支援の方法
- ■「ルール」への支援の方法
- ■「切り替え」への支援の方法
- ■「話を聞けない」への支援の方法
- ■「練習をしない」への支援の方法
- ■「集中」への支援の方法
- ■「注目」への支援の方法
- ■「不安な気持ち」への支援の方法
- ■「過敏」への支援の方法
- ■「離席」への支援の方法
- ■「安全面」への支援の方法
- ■「無気力」への支援の方法
- ■「発達障害×○○」への支援の方法

「キレる」への支援の方法

仕事術 07 感情が生じたあとの「行動」を
ターゲットにする

　気持ちが不安定になってしまったり，思いどおりにならなかったりしてキレてしまう子どもに対して，学級担任はどのように対応したらよいか困ることがあるでしょう。

　このような子どもは，自分の感情をうまくコントロールできていないのではないか，と思われがちです。

　しかし，そもそも感情は人間に備わった能力です。悲しい，くやしい，ムカつく……といった感情そのものをコントロールできると思ってしまうと，対応を誤りがちになります。

　コントロールできるのは感情から生じる「行動」の方です。 自分の感情を周りにどのように表すか。感情を表す「行動」については，コントロールが可能です。つまり，感情そのものをコントロールするのではなく，感情が生じたあとの「行動」をコントロールすると考えていきます。

●アンガーマネジメントの方法

　怒りの感情による行動を適切に処理する「アンガーマネジメント」の方法では，怒りの感情のあと「6秒間待つ」ことがすすめられています。

　例えば，教師が「6・5・4・3・2・1」とカウントダウンする間だけ我慢するというような約束を前もってしておく方法が考えられます。

仕事術 08 場面ごとに比較して「情報集め」をする

アンガーマネジメントでは，「6秒間待つ」の他にも，具体的な方法がいくつも示されているので，参考にするとよいでしょう。

しかし，子どもの感情から生じる行動の問題には，いろいろなケースがあります。アンガーマネジメントの方法ではうまくいかない場合もあります。

もし，アンガーマネジメントの方法でうまくいかない場合は，子どもに関する情報を集めていくことから始めるとよいでしょう。

情報を集めた結果，「もしかしたらこれが原因では？」という仮説が立つことがあります。それがわかれば，その仮説に基づいた指導や支援を考えやすくなります。

情報は場面ごとに比較してみると，よりポイントがクリアになります。

●場面ごとに比較しながら情報を集める方法

・教室がうるさいときと静かなときを比較してみる

もし教室がうるさいときにキレてしまうことが多いようであれば，環境の刺激（この場合は「騒音」）が影響していると考えられます。

・午前と午後で比較してみる

午前中にキレることが多くて，給食を食べたあとの午後は機嫌よく過ごしている。このような子どもは，もしかしたら「おなかがすいている」ことが原因かもしれません。

また，キレてしまった前日に「ついつい，ゲームにのめり込んでしまい，明け方までやっていた」などということがあれば，寝不足が原因かもしれません。

「ルール」への支援の方法

仕事術 09 「ルールチェンジ」を支援する

ルールを守ることができない子どもがいます。

そのような子どもの中には「決められたルールが，自分のルールと合わないから，意図的に守らない」というタイプの子どもがいます。

つまり，学校や学級のルールよりも，自分のルール，すなわち「マイルール」を優先してしまいがちだといえます。

例えば，授業中に不規則発言をする子どもの場合，「手を挙げてから発言する」という学級のルールよりも，「今，自分が発言したいから発言してもよい」というマイルールを優先している状態だと解釈することができます。

したがって，マイルールの子どもには，学校のルールに「ルールチェンジ」できるような方法を考えていくとよいでしょう。

ちなみに，ここでいう「ルール」は「常識」と言い換えることもできます。学校は社会の「常識」を学ぶ場でもあります。

●学校のルールに「ルールチェンジ」する方法
・なぜ学校のルールがあるのか理由や根拠を一緒に考える
・マイルールのデメリット，学校のルールのメリットを一緒に考える

30

ルールについて感情面にアプローチする

　ルールを守ることができない子どもの中には，「ルールを守らないことが気持ちいい」というタイプの子どもがいます。

　つまり，「学校のルールを守るよりも，守らない方が気持ちいい」ので，結果として「ルールを守らない」行動が多くなっているという状態です。

　一般的に学校では「みんなが学校で過ごすためには，ルールを守った方が気持ちいい」というところにルールの必要性があると指導します。これとは真逆の考え方なわけです。

　「気持ちいい」というのは感情的なものです。ですので，このタイプの子どもには感情面へのアプローチが有効であると考えられます。

●ルールについての感情面へのアプローチ
・ポジティブな感情を増やしていくアプローチ

　「挙手してから発言してごらん。そうしたらみんなに認められてうれしい気持ちになるよ」のように，ルールを守った方が「気持ちいい」という感情を高めていきます。

・ネガティブな感情を減らすアプローチ

　わざとルールをやぶって人の反応を見るという「試し行動」をしている可能性もあります。そのような場合は，「寂しかったんだね」「つらかったんだね」と子どもの気持ちを言語化していくとよいです。これは，子どもの感情に寄り添う方法といえます。

「切り替え」への支援の方法

仕事術 11　視覚的，聴覚的に情報を目立たせる

「切り替え」が苦手な子どもがいます。「切り替える」ためには，周りの様子に注意を向けることが必要です。

例えば，チャイムが鳴っても，遊びを止められない子どもがいます。この子どもはチャイムという「音」に注意を向けたり，友達が授業の準備をしているという「状況」に注意を向けたりすることができていないのかもしれません。

このように考えると，「切り替え」が苦手な子どもに対しては，まず，周囲の情報に気づけるような支援をしていくことが考えられます。「やること」や「時間」など，行動を切り替えるために必要な情報に気づきやすくなるようにするとよいでしょう。

●必要な情報に気づきやすくする方法

・視覚的に目立たせる

注目してほしい情報の色づかいや，文字の大きさなどを工夫するとよいです。例えば，「○時○分まで」と大きく書いておくと目立ちます。

・聴覚的に目立たせる

伝えるときの音量や音色などを工夫するとよいでしょう。タイマーであれば，サウンドつきのタイマーを使うと聴覚的に目立ちます。

余裕の時間（アイドルタイム）を設ける

「切り替えなきゃいけないことはわかっている。でも，今やっていることをなかなか止められない」という子どもがいます。

「切り替え」できないわけではなさそうですが，やはり「切り替え」が苦手な子どもであるといえるでしょう。

しかし，今やっている活動が楽しかったり，「もう少しできるのに」という状態であったりするときには，なかなか次の活動に切り替えることは，多くの子どもにとっても難しいものです。

このように考えると，「切り替え」が苦手な子どもに対してだけではなく，多くの子どもにとっても，行動の「切り替え」がスムーズにいくような工夫があると，きっと役に立つと思います。

●余裕の時間（アイドルタイム）を設ける方法

例えば，タイマーを5分後にセットしてから，「あと5分後に，次のことをするからね」と声かけすれば，今やっていることを片づけてから，次の行動に移りやすくなります。この5分間が，余裕の時間（アイドルタイム）です。

これを自覚化できると，「終了予定時間の5分前にタイマーを鳴らすようにしよう」「明日行えるように今日のうちに片づけておこう」というように日常生活に般化していくことにつながっていきます。

ちなみに，学級担任だって，授業の途中でチャイムが鳴ってしまったとき，「今日はここまで」とすぐに授業を打ち切ることは結構難しいと感じることはありませんか？ 学習指導案上でアイドルタイムをあらかじめつくっておくことが，授業をスムーズにするために必要なのかもしれません。

「話を聞けない」への支援の方法

仕事術 13 いろいろな視覚的支援を行う

　聞こえにくさがある（聴力の問題），聞いたことを一時的に覚えておく力が弱い（ワーキングメモリの問題），注意の持続にムラがある（注意集中の問題）といったように，子どもによって何が原因なのかは異なります。これらの原因から改善を図っていくためには，言語指導の専門家（「ことばの教室」など）のもとで指導を受けることが望ましいです。

　学級担任は，このような子どもたちが教室にいることを前提として，視覚的な支援を考えていくとよいでしょう。

●視覚的な支援の方法
・文字を視覚化する

　たとえ話したこと全てを視覚化できたとしても，今度は読むのが大変です。キーワードを視覚化していくのがよいでしょう。

・イラストや写真などを用いる

　文字よりも，パッと見てわかりやすいので効果的です。

・身振り手振りを使って話す

　気持ちが伝わりやすくなるので，話の内容を補う効果が期待できます。

仕事術 14　聞き取りやすい環境をつくっていく

　家ではちゃんと親の話を聞くことができる。けれど，学校では話を聞くことができない。このような子どもにとっては，**学校という環境が「話を聞けない」環境になってしまっている**のかもしれません。

　例えば，班ごとでの話し合い活動の場面でも，子どもの立場になってみると，正面から自分に向かって話している子どもの声と，自分のすぐ後ろの子どもの声と，どちらの声も同じように耳に入ってきます。学級担任の「あと5分ですよ！」などという全体指示の声も入ってくることがあります。

　このようなガヤガヤした環境が原因で「話を聞けない」子どもが出てきてしまうことが考えられます。

　ですので，担任教師としては，教室が「話を聞き取りやすい環境になっているか」を考えていくことが必要です。

●聞き取りやすい環境を整える例
・静かな環境をつくる

　静かな環境は，聞き取りやすい環境の代表的な例です。

　例えば，子どもたちが静かに落ち着くまで待ってから話をするようにします。また，教室内の騒音を減らすために，「窓を閉める」「机やいすの脚にカバーをつける」といったことも考えられます。

・集団をあまり横に広げすぎない

　真正面から話すことが聞き取りやすさにつながります。集団に向かって話をするときには，なるべく子どもの視界に入りやすい位置で話すようにします。

「練習をしない」への支援の方法

仕事術 15 認知特性の違いに配慮したユニバーサルデザイン的な指導を考える

　運動会のダンスの練習，リコーダーの練習，式典の練習など，学校では子どもたちが何かを練習する場面が多くあります。

　このような場面において，「練習をしない」子どもがいると，学級担任は困ってしまうことがあります。

　1章の「認知処理の特性に対応する」を参考に考えてみましょう。

　例えば，運動会のダンスの練習の場合，「順番に1つずつやっていく」指導は，継次処理的な指導といえます。そのとき同時処理型の子どもは，「順番に1つずつやっていく」と全体像が見えないので，やる気を失ってしまうことがあります。そのような指導と特性のミスマッチが「練習をしない」子どもを生み出している可能性があります。

　そこで，同時処理型と継次処理型の両者の特性に配慮したユニバーサルデザイン的な指導を考えてみましょう。

●認知処理の特性に配慮したユニバーサルデザイン的な指導

　まず活動の「全体像」を示し（同時処理型の子どもへの配慮），そのあとに「順番に1つずつ」活動を進めていく（継次処理型の子どもへの配慮）ようにします。このようにすることで，両者に対応することができます。

仕事術 16 「何のために練習をしないのか」 という子どもの目的を探る

　練習に取り組むことで得られることよりも，練習に取り組まないことで得られることの方が「得」であったら，あえて練習に取り組もうとしないこともあるのではないでしょうか。

　「なんで練習に取り組もうとしないのか」という原因を探るのではなくて，「何のために練習をしないのか」という子どもの目的を探ってみます。

● 「何のために練習をしないのか」という子どもの目的と対応
・うまくできないことを周りに知られたくない

　このような子どもには個人練習ができるような方法を考えていくとよいでしょう。例えば，放課後などに個別に練習したり，家庭でも個人練習がしやすいように動画を用意したりする方法が考えられます。

・注目してほしい

　「練習をしない」という行動は目立つので，周りの人の気を引くことにつながります。「あなたのことをちゃんと見ているよ」というメッセージが子どもに伝わるようにしていくとよいでしょう。

・休みたい

　「練習をしない」イコール「休みたい」という子どものメッセージかもしれません。負荷のかかる練習に取り組めるだけのエネルギーがないという状況であれば，練習するどころではありません。

　この場合は，学級担任の指示のもとで，「練習をしない」状況をつくります。つまり，学級担任の指示で「休んでよい」と認めるのです。

「集中」への支援の方法

仕事術 17 子どもが自分にとっての「集中できる」学び方を見つける機会をつくる

　授業中に「集中できない」「ぼんやりしている」「ぼーっとしている」という子どもの姿は，学級担任として気になるところです。

　まずは，クラス全体を対象とした「集中する」ための方法を考えてみましょう。

●クラス全体で行える集中するための方法

・タイムをはかる

　「制限時間1分でやりましょう」「1分間でどれだけできるかな」と，活動に時間制限を設けます。タイムをはかりながら何か活動に取り組むようにすると，子どもたちの集中が高まることがあります。

・静かな環境で取り組む

　「今から集中するために，話すのはやめましょう」といったように静かな状態をキープするのも「集中する」ための方法になります。

　子どもによって集中するための方法は異なります。

　例えば，「タイムをはかる」ことで集中してできたという成功体験を得た子どもは，学校だけでなく，家で宿題をやるときもタイムをはかってするようになるとよいでしょう。「静かな環境で取り組む」ことで「これだと集中

してできた」という成功体験を得た子どもは，自分で勉強するときに図書館や自習室などを利用できるようになるとよいでしょう。

つまり，クラス全体で行う「集中する」ための方法は，その場の効果だけをねらうのではなく，子どもが自分にとっての「集中できる」学び方を見つける機会としていくことが効果的です。

仕事術 18 「例えば，こういう方法があるよ」と提案していけるようにする

では，個別に「集中する」ための方法を考えてみましょう。

先ほど述べたように，子どもによって集中するための方法は異なります。もし「集中する」ことに困難がある子どもがいたら，個別に「どうしたら集中しやすくなるか」ということを本人と相談し，「例えば，こういう方法があるよ」と提案していけるようにします。

特にテストの場面など，集中することが必要な場面で試していくとよいでしょう。

●テストの場面での集中するための方法例
・別室で受ける

みんなとは別で，空き教室や図書室だと，集中してテストを受けられるということがあります。

・問題を小分けにする

問題が10問ある場合，1問ごとに解答用紙を小分けにして，1問できたら次の問題の解答用紙を渡すといった「わんこそば方式」だと集中できるということがあります。

「注目」への支援の方法

仕事術 19 クラス全体で「注目する」ためのトレーニングを行う

　学校のいろいろな活動の中で，子どもたちは自分に必要な情報に「注目する」ことが求められます。

　「注目する」ことができないと，子どもたちは情報をうまく得ることができなくなります。そのため，誤った行動を起こしてしまうことにつながってしまうわけです。

　まずは，学級全体を対象とした「注目する」ための方法を考えてみましょう。

●クラス全体で行える注目するための方法

・注目して見るためのトレーニング（ボタン早押しトレーニング）

　1から20までの数字カードを用意します。それを黒板などにランダムに貼ります。子どもは，数字カードを数字の順番に素早くタッチします。全員で一斉に行う場合は，自分の席で指さします。

・注目して聞くためのトレーニング（聞き取りトレーニング）

　教師が単語や短いフレーズをいくつか用意します。それを子どもたちに向けて話します。子どもは，教師が話したことをノートやワークシートなどにどんどん書くようにします。

仕事術 20 板書やワークシートなどを「注目しやすく」する

　学校では，目に入ったものや，聞こえてきたいろいろな情報の中から，自分にとって必要な情報を取り出すことが，学習活動を進める上で必要なわけです。それが学校で課題となる「注目する」ということです。

　例えば，板書してあることをノートに書き写すという行為を具体的に考えてみると，黒板に書いてあるたくさんの文字情報の中から，次に書くべき箇所を見つけるということが必要になります。次の書くべき箇所に注目できないと，時間がかかってしまったり，負担がかかったりしてしまうのです。

　したがって，子どもが「注目する」力を高めていくだけでなく，学級担任が「注目しやすい」配慮をすることも大切です。

●板書やワークシートなどを注目しやすくする配慮例

・線で囲う，色を変える

　これは簡単にできる方法です。個別に必要な子どものものだけ，カラーマーカーで色をつけるなどもできるでしょう。

・太字やフォントを活用する

　フォントに関しては，子どもによって注目しやすいフォントがあります。実際に，子どもにどのフォントが「注目しやすいか」を聞いてみてもよいでしょう。

・注目を妨げているものをとり除く

　黒板であれば「余計な情報を消す」こと，ワークシートであれば不要なイラストは控えることなどを考えていきます。

「不安な気持ち」への支援の方法

仕事術 21 安心して活動に参加できるような ルールや約束を設定する

　学校という場は，他者の言動によって安心できることもあれば，不安が高まることもあります。

　例えば，話し合い活動などのグループワークで何かを話したとき，周りの友達からレスポンス（反応）があれば「受け止めてもらえた」と安心できますが，レスポンス（反応）がないと「何か悪いことを言ったのかな」と「不安な気持ち」になってしまいます。

　他にも役割決めの場面などでは，「やりたくないことを押しつけられるのでは」と「不安な気持ち」になってしまうこともあります。

　学習活動において「不安な気持ち」があると，その学習活動には参加しにくくなります。

　したがって，学級全員を対象とした安心して活動に参加できるようなルールや約束を設定してみるとよいでしょう。

●安心して活動に参加できるようなルールや約束の例
・何を言っても大丈夫
・間違えたって，人のせいにしない
・とりあえずやってみよう
・そういう人がいてもいいよね

不安をやわらげるために何ができるかを，子どもと一緒に考える

　学級担任の立場として，子どもの「不安な気持ち」そのものをとり除くことは結構難しいかもしれません。

　しかし，ちょっとしたことを認めることで「不安な気持ち」をやわらげることはできます。例えば，「不安な気持ち」をやわらげるためのアイテムを活用することが考えられます。

●**不安をやわらげるためのアイテム活用例**
・**触ったり握ったりできるもの**
　クッション性のあるボール，ぬいぐるみなど。

・**かぐことができるもの**
　お気に入りのエッセンシャルオイルをハンカチに一滴つけておく。

・**聞くことができるもの**
　小さな音のオルゴール，自分の好きな音が出るもの。

　ここでのポイントは，**学級担任がそのアイテムの使用を教室で認めてあげられるかどうかです**。

　子どもの立場からすると「そういうものを学校にもっていっていいのかな」という「不安な気持ち」があります。これには，学級担任がもってくることを認めたり，許可したりする行為が必要です。「気持ちが落ち着かなくなったら，これを使ってもいいからね」と学級担任が子どもに許可することによって，子どもはアイテムを使いやすくなるでしょう。

「過敏」への支援の方法

仕事術 23　学級全体を対象にした 「過敏さ」への支援を考える

「過敏さ」が強いために，学校での活動に影響がある子どもがいます。

・教室の明かりがまぶしいと感じる（視覚の過敏）
・教室のザワザワした音が苦痛である（聴覚の過敏）
・友達と手をつなぐのが気持ち悪い（触覚の過敏）
・給食でどうしても食べられないものがある（味覚の過敏）
・教室の中のにおいをかぐと気持ち悪くなる（嗅覚の過敏）
・本当はやりたいことがあるけれど，友達の視線が気になってしまう
　（人の気持ちへの過敏）

●教室全体を対象にした「過敏さ」への配慮の方法例
・晴れた日にはカーテンを閉め，日の光を調節する
・机やいすの脚にカバーをつけて騒音を減らす

　特に視覚や聴覚の「過敏さ」については，教室全体で配慮することができます。このような配慮は，「過敏さ」がある子どもだけでなく，多くの子どもにとっても効果があるユニバーサルデザイン的な支援の方法になります。

仕事術 24 周りの子どもに，「必要なことがあれば誰でも同じようにできる」ということを説明していく

では，個別の子どもの「過敏さ」への対応を考えてみましょう。

「過敏さ」がある子どもは，一般的には平気で過ごせるくらいの刺激に対して，耐えがたい痛みレベルの感じ方をしているといえます。教師がその痛みに気づかないことも多く，「それくらい我慢できるでしょ」という対応をしてしまいがちです。

もし，何か個別に配慮してあげることで解決が図れそうなら，それを教室の中で使えるようにしてあげるとよいでしょう。

● 「過敏さ」をやわらげるための配慮例

・刺激を緩和できるようなアイテムを使うことを認める

例えば，「教室のザワザワした音が苦痛である（聴覚の過敏）」子どもの場合は，耳栓やイヤーマフなど聴覚的な刺激をやわらげることができるようなアイテムを教室で使用することを認めていきます。

・個別に対応できる教材があれば個別に用意する

例えば，プリントが「白地に文字が印刷してあると読みにくい（視覚の過敏）」という子どもがいることがあります。一般的に，プリントは白色の紙に印刷するのが普通だと思いますが，可能であれば特別に薄い色がついた紙にプリントしてあげるとよいでしょう。

学級担任として必要なことが，もう1つあります。何か個別に配慮すると，よく「○○さんだけ，いいなあ，ずるい！」という声が周りの子どもから出てくることがあります。そのようなときに，「必要なことがあれば誰でも同じようにできる」ということを説明していくとよいでしょう。

「離席」への支援の方法

仕事術 25 ちょっとだけ離席することを認める ルールをつくる

「離席」する行為については，いっさい「離席を認めない」から，ちょっとだけ「離席することを認める」という発想に変えてみましょう。

●ちょっとだけ「離席することを認める」学級全体のルール

「どうしても外に出たいときは廊下の端まで歩いて時間になったら戻ってくる」ことをクラスのルールとして認める。

さて，読者のみなさんは，この方法をすんなりと受け入れることができるでしょうか？

この「ちょっとだけ『離席することを認める』学級全体のルール」のように，支援が必要な子どもは，学級で定められたルール次第という面があります。つまり，**学級担任としてどこまで「許容できるか」によって，支援が必要な子どもは増えることもあるし，減ることもある**のです。

この「ちょっとだけ『離席することを認める』学級全体のルール」があると，たまに「離席してしまう子ども」は問題とならなくなります。

最初のうちは，離席する子どもがたくさん出てくるかもしれません。しかし，慣れてくると，多くの子どもは自席で過ごすようになります。

ただしこのルールでは，校外に出ることを認めてはいけません。

仕事術 26 役割を与えて，離席することを許容する

そうはいっても，離席する頻度が高い子どもには，やはり対応が必要となります。離席の頻度が高い子どもは，見方を変えると，「どうしても離席してしまう」子どもであるということなのかもしれません。

例えば，その子どもにだけ「役割を与えて，離席することを許容する」という方法が考えられます。

これは，離席する子どもに特別な係活動を与えて，授業中に教師の指示のもと，席を立ってもよいという機会を増やすということになります。つまり，無目的に離席するのではなく，係活動をするという「目的」をもって席を立つことにしていくのです。

●役割を与えて，離席することを許容する

・プリント配り係
授業中にプリントを配る仕事をやってもらいます。

・電気係，スイッチ係
教室の電気や，モニターの電源を入れるなどの仕事をやってもらいます。

・給食中のデザートを配る係
給食の時間に離席してしまう子どもの場合は有効です。

・先生のお手伝い係
いろいろな場面に応じて，何かを頼みます。

「安全面」への支援の方法

仕事術 27 場所やルールを構造化する

　学校では子どもたちが安全に生活を送ることが重要です。そのため，危険なことをしがちな子どもは，学級担任にとって目を離すことができない存在になります。

　その子ども自身の安全を守ることももちろんですが，場合によっては他の子どもの安全にも関わることがあります。例えば，子どもが暴れてしまったときは，その子どもだけでなく，周りの子どもにも被害が及ぶリスクがあります。

　「安全面」への支援で学級担任ができることは，**未然防止のための構造化**です。

●危険を未然防止するための構造化例

・場所の構造化

　危険な行動が予想される場合は，あらかじめ個別の対応ができるようなスペースを確保しておきます。例えば，教室の片隅に「クールダウン」の場所をつくっておくことなどが考えられます。

・ルールの構造化

　例えば家庭科の授業では「針を持ったまま立ち歩かない」といった安全面のルールをわかりやすく子どもに示しておきます。

仕事術 28 「注意する」以外の方法を考える

　実際に子どもが危険なことをしたら，学級担任は「危ないからやめましょう」と注意します。

　しかし，同じことが繰り返されると，何度も注意しなければなりません。子どもの立場からすると，何度も注意されるということになります。

　繰り返しの注意は効果が薄くなってしまうことは，読者のみなさんもきっと経験があると思います。

●「注意する」以外の方法
・活動では「目的」を示す

　「この活動で何を行えばよいか」という目的が明確になっていないと，子どもはいろいろなことをしてしまいます。

　その結果として，子どもが危険な行動をして，事故が起こってしまうことがあります。

　何か活動を行う際には目的を明確に示す，つまり「この活動で何を行えばよいか」ということをはっきりさせると，危険な行動を防ぐことにつながります。

・「コーチング」の方法を用いる

　口頭で注意するということは，危ないことを「教える」ということ，つまり「ティーチング」です。

　そうではなく，危ないことをしないようにするためにはどうしたらよいか「考えるきっかけを与える」ことが「コーチング」です。

　どうしてその行動が危ないのか，考えるきっかけを与えて，自分で気づけるようにしていきます。

「無気力」への支援の方法

<table>
<tr><td>仕事術
29</td><td>## 「生活リズム」の改善を無理なく指導する</td></tr>
</table>

　日常の健康状態が「無気力」と関係することがあります。

　「ゲームをやりすぎて眠い」「朝ごはんをちゃんと食べていない」というような生活リズムの乱れが，学校での「無気力」のもととなってしまうことがあります。

　このような子どもには，生活リズムが整うように指導したいところですが，無理のないように指導していくことがポイントです。無理な目標を立てても，実現できなければ意味がありません。

●**無理のない「生活リズム」の指導とは**

・**起床時間と就寝時間を記録するのが無理な子ども**

　「毎日記録をつけなさい」のように理想を押しつけるのではなく，子どもと相談しながら「どうしたら自分で無理なく記録をつけられるようになるのか」を考えていくようにします。

・**「記録用紙に記入する」ことが無理な子ども**

　記録用紙にこだわらずに ICT を活用する方法もあります。

・**「○時に起きよう」が無理な子ども**

　「今日より10分早起きしよう」など無理のない目標を立てます。

仕事術 30 粘り強さと柔軟性をもって指導する

　「無気力」な子どもの中には，はっきりとした理由がない場合もあります。
　例えば，授業中や休み時間にずっと寝ているような子どもは，学校での活動を回避していると捉えることもできます。
　本来は，授業に参加したり，友達と関わったりすることを，子どもたちは求めるのですが，それを求めないわけです。つまり回避しているということです。
　このような子どもは，自分に対して自信がなかったり，誰かから何か言われるのではないかと恐れたりしているのかもしれません。授業についていけないことや，友達とうまく関われないことを恥ずかしがっているのかもしれません。失敗を極度に恐れているのかもしれません。その結果として，学校での活動を「回避」しているような状態です。

●回避している子どもと関わる方法
・こまめに声をかける
　その子どもに拒否されても負けない（めげない）学級担任の粘り強さが必要となります。「授業中に突っ伏して寝ている」ときなど，そのままにしておくのではなく，折を見て声をかけましょう。

・適度な逃げ場を用意しておく
　それと同時に，子どもを追い込まないような柔軟性も必要となります。「授業中に突っ伏して寝ている」ときに声かけをすることで「どうしても起こす」と思いすぎてしまうと，子どもは逃げ場がなくなります。

「発達障害×○○」への支援の方法

仕事術 **31** 障害の特性に応じた子どもの行動の見取りから指導につなげる

発達障害の子どもへの指導のポイントは，障害の特性に応じることです。（1章参照）

では，具体的に発達障害の子どもが何か困った行動を起こしてしまった場合の対応について考えてみましょう。まず，**発達障害の子どもが暴力的な行為をしてしまうケース**です。

●発達障害の子どもが暴力的な行為をしてしまう場合の対応例
・ADHD（注意欠如・多動症）の子どもが暴力的な行為をしてしまう

多動性・衝動性タイプの場合，衝動性があり，自分を統制する力が弱いことが特性として考えられます。そのため，ただ口頭で注意するだけではうまくいかない可能性があります。

「『安全面』への支援の方法」で紹介した，口頭での注意以外の方法を行ってみるとよいでしょう。

・ASD（自閉スペクトラム症）の子どもが暴力的な行為をしてしまう

もしかしたら，「他者に暴力をふるってはいけない」というルール面での理解が不十分なのかもしれません。そのような場合は「『ルール』への支援の方法」で紹介したルールチェンジする方法を参考にしてみるとよいでしょう。

子どもによって異なる様相に着目する

　今度は，発達障害の子どもが不登校になってしまったケースについて考えてみましょう。

　ここでは，子どもによって異なる不登校の様相にまず着目してみます。そして，その課題に応じた指導の方法を考えていきます。

●発達障害の子どもが不登校の場合の対応例

・昼夜逆転しているため不登校になってしまっている子ども

　この子どもは，健康面に課題がありそうです。「『無気力』への支援の方法」で紹介した無理のない「生活リズム」の指導を行っていくとよいでしょう。

・学校への不安が強いため不登校になってしまっている子ども

　この子どもは，心理面に課題がありそうです。「『不安な気持ち』への支援の方法」で紹介した，不安をやわらげるための「アイテム」活用を行っていくとよいでしょう。

・友達とうまくいかないため不登校になってしまっている子ども

　この子どもは，人間関係面に課題がありそうです。「『キレる』への支援の方法」で紹介したアンガーマネジメントを教室でやってみることなどが考えられます。

・騒がしいところが苦手だから不登校になってしまっている子ども

　この子どもは，環境の把握に課題がありそうです。「『過敏』への支援の方法」で紹介した「過敏さ」をやわらげるための配慮が効果的です。

Column

なぜ，あの子だけいいの？

　算数の時間に，Ａさんが漢字の宿題を「今やりたい」と言ってきました。この子どもは発達障害の傾向もあり，一度気になりだすとずっと気になってしまう子どもです。だから，本当は宿題でやってくるべきものですが，「やってもいいよ」と，Ａさんだけ特別にやることを認めました。

　そうしたら，Ｂさんも「自分もやりたい！」「Ａさんはやっていいのになぜ自分はだめなの？」と大きな声をあげ始めました。「あなたは宿題でもちゃんとやってこられるでしょう」と説明をしましたが，Ｂさんは納得してくれませんでした。　　　　（２年生の担任の先生より）

　このケースのように，通常の学級において，ある子どもに対して何か特別な支援を行うときに「いいなあ」「ズルいなあ」と，周りの子どもたちから声があがることがあります。

　「なぜ，あの子だけいいの？」という気持ちは，自然とわきあがってきたものですから，それ自体を否定するべきではないでしょう。

　むしろ，この教室では多様性を子どもたちが感じられていない，というところに着目すべきでしょう。日頃から，「みんな一緒じゃないことがある」という学級の文化をつくっていくことが必要なのかもしれません。

　これはまさに「心のバリアフリー」といえるでしょう。

　「隣の芝生は青い」ということわざがあります。

　しかし，人と比べてばかりで，自分自身の中で今やるべきことに向き合っていないと，どんどん「ひがみ」の気持ちばかりが強くなってしまいます。そのような積み重ねは，結果的に，自分自身の可能性も奪ってしまうリスクがあるのではないでしょうか。

3章

発達障害のある子どもが
過ごしやすい
学級経営の仕事術

■発達障害のある子どもと学級経営
■発達障害のある子どもと教室の座席
■発達障害のある子どもと掲示物
■発達障害のある子どもとトラブル
■発達障害のある子どもと支援員
■発達障害のある子どもが複数いる学級

発達障害のある子どもと学級経営

仕事術 33 ネガティブな見方を，
ポジティブに変換する

発達障害のある子どもが過ごしやすい学級経営のイメージの1つとして，
「学級担任から自分に関心が向けられていて，学級担任から自分に愛情が注がれている」状態が考えられます。

その子どもへの関心も，「あの子どもはダメだ」のような関心ではなく，
「あの子どもにはよいところがある」という関心が必要です。そのために，
子どもへの関心の向け方を意識しておきましょう。

●ネガティブに捉えるか，ポジティブに捉えるか

発達障害のある子どもの特性は，ネガティブにもポジティブにも捉えることができます。

例えば，「落ち着きのない子ども」というのは，ネガティブな見方です。
しかし，「活動的な子ども」と捉えることもできます。これだとポジティブな見方になります。

ネガティブに捉えるか，ポジティブに捉えるか，これは学級担任のさじ加減1つです。それによって，子どもの見方というのはガラリと変わってくるのです。

もちろん，ネガティブに捉えるよりも，ポジティブに捉えた方が，よい効果はたくさんあると思われます。

仕事術 34

「特別な支援」そのものを
ポジティブにしていく

　学級担任は「発達障害のある子ども」も「発達障害のない子ども」も同時に指導していかなければなりません。「発達障害のある子ども」への特別な支援はときに「特別扱い」と誤解されやすいです。そうなると周りの子どもに「ズルい！」という気持ちを抱かせてしまうこともあります。

●発達障害のある子どもだけを特別扱いしてもよいのか

　子どもたちは，自分と比べ，他の子どもが優遇されていると感じると，「ズルい！」と思ってしまいがちです。

　このような価値観がベースとなっている学級だと，発達障害のある子どもは，特別な支援を受けることに対して，「みんなから変な目で見られるから」と引け目を感じてしまうこともあります。

　このような学級は，「特別な支援」というものをネガティブに捉えている状態といえます。

　そうではなく，どの子どもも「困ったことがあったら支援してもらえるんだ」と，特別な支援をポジティブに捉えられるような学級になるのが理想的です。

　子どもたちが「ズルい！」と思ってしまう気持ちは，**「心のバリア」**ともいえます。「心のバリア」のない学級にするためには，多様な友達とコミュニケーションをとる活動や，友達が抱える困難や痛みを想像したり共感したりする活動に，日々の授業や生活の中で取り組んでいくことが必要です。

　そうやって，「心のバリア」をなくしていくことで，発達障害のある子どもにとって過ごしやすい学級になります。

発達障害のある子どもと教室の座席

仕事術 **35** 子どもの実態に応じた座席の場所を考える

　発達障害のある子どもが，学級で過ごしやすくなるための工夫の1つに「座席」の場所が考えられます。

　子どもの実態によって，教室のどこにその子どもの座席があるとよいのかは異なります。

●前方の座席がよい子ども
・学級担任が個別に支援することが必要な子ども

　例えば，「文字を書くことが難しい子ども」は，個別に支援することが多くなるので前方の座席がよいでしょう。

・学級担任のそばにいるのがよい子ども

　「不安」の強い子どもや，「危険な行動」をしがちな子どもは，学級担任の目が届くところがよいでしょう。

●教室の真ん中あたりの座席がよい子ども
・周りの子どもの様子を見ることで動ける子ども

　自分では何をしたらよいかわからなくても，周りの様子を見たら判断できる子どもは，前後左右の子どもの様子が見えやすい教室の真ん中あたりの座席がよいでしょう。

●後方の座席がよい子ども

・授業中に動きが激しい子ども

本人の問題ではなく，その子どもの後ろに座った子どもが集中できなくなる可能性があります。

・介助する大人が必要な子ども

これも本人の問題ではなく，その子どもについている介助の大人が，後ろの子どもの視界を遮ってしまうことがあります。

・遅刻しがちな子ども

「遅刻していることが恥ずかしい」と思う子どもがいます。後ろだと注目されることも少なくなるでしょう。

仕事術 36 どの位置だと見やすいのかを一緒に確認する

「視力の弱い子どもは教室の前方がよい」ということは，もはや学校では常識です。

しかし，視力の問題だけでなく，子どもによっては「見え方」に問題があることがあります。

例えば，板書の文字，電子黒板，教師が提示する資料，教師の表情等を正面から見ないと認識しにくいという子どもがいます。このような子どもが，教室の端の方の座席になってしまうと困ってしまうでしょう。

他にも，視野の問題があります。視野が狭い子どもは，正面以外の周囲の情報に気づきにくいこともあります。

見え方は子どもによって異なります。もし見え方が気になる子どもがいたら，どの位置だと見やすいのかを一緒に確認するとよいでしょう。

発達障害のある子どもと掲示物

仕事術 37　子どもと「掲示物」の関係を考える

　発達障害のある子どもが学級で過ごしやすくなるための工夫の1つに，「掲示物」の工夫があります。なぜなら掲示物によって，学級で過ごしやすくなるための情報を得ることができるからです。

●構造化された「掲示物」があると助かる子ども

　ASD（自閉スペクトラム症）の子どもは，構造化された情報と相性がよいです（1章参照）。掲示物も構造化していくことを考えるとよいでしょう。
　「わからなくなったときには，ここを見ればよい」「前に学習したことは，ここを見ればわかる」というように子どもが認識できたら，それは掲示物が構造化されているといえます。

●「掲示物」がじゃまな刺激となる子ども

　掲示物は，子どもたちの「刺激物」となってしまう一面もあります。もし，掲示物があることによって，授業に集中できない子どもがいるようであれば，その掲示物はじゃまな刺激物なのです。じゃまな刺激物であればとり除くことが必要です。
　掲示物が整理されていると，発達障害のない子どもも，授業に集中しやすいと感じることがあるかもしれません。

仕事術 38
掲示する子どもの作品は，子どもが選べるようにする

　学級で過ごしやすくなるための情報という側面以外の掲示物の役割を考えてみましょう。

　小学校では，子どもが書いた自己紹介カード，理科の観察記録，書写の作品などが「掲示物」となっていることが多いです。

　子どもの作品や成果物を，教室に掲示することは，子どもの情意面や意欲面を引き出すための環境づくりの方法です。

　しかし，その方法が有効に作用しない発達障害の子どもがいることはあまり知られていません。

●「掲示物」が意欲の低下につながる子ども

　LD（学習障害）の子どもの中には，文字を書くことが苦手な子どもがいます。このような子どもの中には，**自分の掲示物を貼られることに抵抗がある**場合があります。

　子どもの立場に立って考えればわかることかもしれません。自分がうまくできなかったものを，恒常的に人前にさらされてしまうのです。これは，気持ちのよいことではありません。

　学級担任としては，クラスの子ども全員分の作品が揃っているかどうか，そこがとても気にしなければならないところです。そのため，このような子どもの気持ちに配慮しにくくなります。

　そこで，「貼ってほしい掲示物を子どもが選べるようにする」という方法を，一度検討してみてはどうでしょうか。

　子どもの作品を貼るスペースは，全員分確保しておきます。そして，そのスペースには，子ども自身が貼ってほしいものを選んで貼ることができるようにします。

発達障害のある子どもとトラブル

仕事術 39

授業中のトラブルは，「周りの子ども」に配慮する

授業中に何か突発的なトラブルが発生すると，学級担任は緊急対応しなければなりません。

例えば，発達障害のある子どもが，授業中に友達とけんかをしてしまったり，教室から飛び出してどこかへ行ってしまったり，予測できないトラブルも多くあります。

もちろん，学級担任としてトラブルを起こしてしまった子どもに個別に対応していかなければなりませんが，トラブルとは直接関係のない「周りの子ども」たちへの対応も必要です。「周りの子ども」に目が届きにくくなると，さらなる想定外のトラブルを招くことにもなりかねません。

●授業中に行動面でのトラブルが起きた場合の対応
・まず，「周りの子ども」たちの安全確保

その場で待機するように指示することが大切です。それから，トラブルを起こしている子どもの対応をするようにします。

・支援員がいる場合は分担する

トラブルを起こした子どもの担当と，「周りの子ども」を見る担当など役割分担をするとよいでしょう。

「形式的な解決」を見直す

　人間関係の形成が困難な子どもが，学級の友達とけんかをしてしまうなどのトラブルを起こすことがあります。

●仲直りのための握手について

　けんかをしてしまったとき，よく「仲直りのために握手しましょう」と促して，解決に導くことがあります。

　しかし，人間関係の形成が困難な子どもの場合は，握手をして解決するという力が育っていないことがあります。つまり，握手をすることの意味がわからないのです。だから，「先生に握手しなさいと言われたから仕方なくした」となり，それが不満につながっていきます。

　学級担任が，仲直りのためには握手をするということにこだわっていないかを，まず振り返ってみるとよいと思います。

●謝罪の指導について

　人間関係の形成が困難な子どもが加害者側になってしまった場合，「謝らせる」ことで，解決に導くことがあります。

　もちろん，社会のマナーとして，相手に被害を与えたら，謝ることは必要です。しかし，人間関係の形成が困難な子どもの場合は，頑なに謝らないこともあります。

　このような場合は，学級担任が，その場をいったんあずかるようにするとよいでしょう。「このことは先生があずかります」と双方に宣言した上で，後日の謝罪を目指していくとよいでしょう。

　いずれにしても形式的な指導にならないようにすることが大切です。

発達障害のある子どもと支援員

仕事術 41
子どもの指導から ちょっと手が離れたときに情報交換をする

　発達障害のある子どもが学級で過ごしやすくなるためには，学級担任以外のスタッフの存在も関係があります。学校によっていろいろな名称で呼ばれていると思いますが，ここでは「支援員」と呼ぶことにします。

　学級担任と同じように，支援員も，発達障害のある子どもに「どう対応したらよいのだろう」と悩んでいることも多いと思います。

　支援員にとって頼れるのは学級担任です。しかし，学級担任が常に忙しそうにしているので，子どものことを話したくても，なかなか声をかけられないと感じている支援員も多いでしょう。

　本来なら，学級担任と支援員が，子どもの情報共有や，授業時の打ち合わせをするための時間が確保できればよいのですが，そのような時間はなかなか確保できません。それが現実です。

●支援員との打ち合わせの方法

・朝，授業前に5分間だけ，打ち合わせの時間をつくれるかどうかを検討します。その時間は，子どもを1か所に集め，安全管理を図った上で，打ち合わせをします。

・全校朝会時や学年集会などで，子どもの指導からちょっと手が離れたときが支援員と情報交換をするチャンスです。

仕事術 42 子どものナマ情報を交換する

　発達障害のある子どもについて，障害の特性などの情報はすでに共有されていることが多いと思います。

　しかし，子どもに関する重要な情報は，「ナマ」の情報，すなわちリアルタイムで変化していく情報にこそあります。これを学級担任と支援員とで交換していくことで，子どもへの支援が充実したものになっていきます。

●子どものナマ情報を交換する

・支援員から学級担任へのナマ情報

　例えば，「休み時間に縄跳びができるようになったんですよ」というような情報は，ナマ情報です。

　支援員は，発達障害のある子どもと近くで接しています。その分，学級担任よりも，子どものナマ情報を豊富にもっています。支援員から学級担任に伝わることによって，学級担任が「じゃあ，明日の休み時間に見てあげよう」となるようなことにつながります。

・学級担任から支援員へのナマ情報

　学級担任は，主に保護者から子どものナマ情報を受け取ります。一番よくあるのは体調に関することでしょう。これは，まず保護者から学級担任に伝わります。

　例えば，「今日，この子どもは体調がすぐれないと保護者から連絡がありました」という情報が学級担任から支援員に伝わることによって，「じゃあ，今日は無理をさせないでおこう」と，支援員は子どもに配慮しやすくなります。

発達障害のある子どもが複数いる学級

仕事術 43 特別な支援が必要な子どもを「多層指導モデル」で整理する

　学級の中に，発達障害のある子どもが複数いることは，もはやめずらしいことではありません。

・文字や文章を読むことが苦手な LD（学習障害）のある子ども
・授業中に話を聞いていない不注意タイプの ADHD（注意欠如・多動症）の子ども
・授業中に落ち着きのない多動性・衝動性タイプの ADHD（注意欠如・多動症）の子ども
・物事について独特の捉え方をする ASD（自閉スペクトラム症）の子ども

　このような子どもたちが何人かいる学級の担任になったとき，「誰をどうやって支援していったらよいのか」と，見当や優先順位をつけることに戸惑ってしまうことがあります。

　まず，子どもたちに必要な支援をいくつかの段階（ステージ）ごとに整理していくとよいでしょう。

　いろいろな方法がありますが，有名なものとして「多層指導モデル」をここでは紹介します。

●特別な支援が必要な子どもを「多層指導モデル」で整理する

　下図のように，1st（ファースト）ステージ，2nd（セカンド）ステージ，3rd（サード）ステージという3層を想定します。この3層に，学級の全ての子どもを当てはめてみます。

　この3層に子どもを当てはめてみるということは，子どもの支援レベルを3段階に分けるということです。これにより，どの子どもに，どの程度の支援が必要なのかが「見える化」されるようになります。

　このモデルは，逆三角形になっており，1stステージ，2ndステージ，3rdステージとステージが進むごとに，面積が小さくなっています。つまり，ステージが進むごとに該当する子どもは少なくなっていくはずです。

　まずは，学級担任の主観的な判断で整理します。その後，学級での学習活動等が進む中で，子どもたちのいろいろなデータが集まってくると思います。そこで，客観的な見直しを図っていくとよいでしょう。

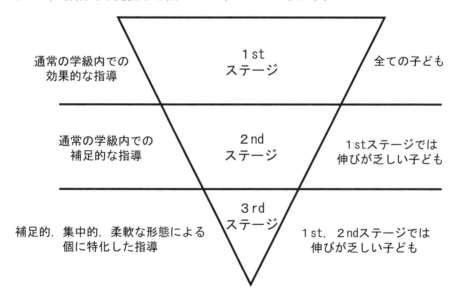

ステージに応じた対応をする

この３つのステージで整理できたら，次にそれぞれのステージでの対応を考えていきます。

●1stステージ　通常の学級内での効果的な指導

1stステージは「全ての子ども」が対象です。ですので，より多くの子どもたちにとって「効果的な指導」を，通常の授業の際に取り入れていくということが，1stステージの支援の方法となります。

効果的な指導とは，「授業のねらいを達成するための効果的な指導」のことです。

効果的な指導の具体として，「板書をわかりやすくする」「学習したことを掲示しておく」といったような方法が考えられます。これらは，子どもたちが授業のねらいを達成しやすくなる方法なので，効果的な指導といえるのです。

このような効果的な指導の方法を授業に取り入れることは，学級担任の授業の見直しともいえます。子どもへの個別の支援を考える前に，まずは効果的な指導が授業で行われていることが重要だということです。

●2ndステージ　通常の学級内での補足的な指導

「補足」とは，文字どおり「たりないところを補う」ことです。つまり，1stステージで行った，一般的な指導「板書をわかりやすくする」「学習したことを掲示しておく」といった学級全体への「効果的な指導」だけでは不十分な子どもたちが，2ndステージの子どもとなります。

2ndステージの子どもたちへの支援とは，1stステージの支援で「たりないところを補う」ために，より個別的な対応が中心となります。

例えば，机間指導の際にわからないところを指導したり，休み時間や放課後などに個別に指導したり，あるいはその子どものために特別に教材を用意したりする方法が考えられます。

また教科によっても個別の支援の方法は異なってきます。教科指導における特別な支援については，7章にてご紹介します。

●3rd ステージ　補足的，集中的，柔軟な形態による個に特化した指導

例えば，LD（学習障害）の子どもが「漢字がうまく覚えられない」という困難があったとき，「どのような方法だと覚えられるようになるのか」ということを見つけていくことが必要な指導です。とはいえ，このような指導には時間もかかります。学級担任1人が担うには，負担が大きいです。

そのような子どもに対しては，例えば通級指導教室を利用することが考えられます。通級指導教室で，子どもの認知の特性に応じた指導を行えば，「漢字がうまく覚えられるようになる」可能性があります。これが3rd ステージの指導となります。

通級指導教室は，この多層指導モデルでは「補足的，集中的，柔軟な形態による個に特化した指導」を行う場となります。よく通級指導教室は「学習の遅れを取り戻す」指導の場だと捉えられがちですが，その子どもの困難を改善・克服するための「自立活動」を行う場なのです。

「自立活動」の指導は，「漢字を覚えられていないから，漢字の学習をする」というのではなく，「漢字を覚えられるようになるために，自分に合った学習の方法を見つける」というように考えます。それが実現すると，3rd ステージの子どもたちも通常の学級で学習しやすくなるのです。

Column
ほめるためのリフレーミング

教師は，子どもを「ほめる」ことが大切です。

「よくできました！」
「すごいね！」
「さすがだね！」
「上手ですね！」

このあたりは，学校でもよく使われるほめ言葉ではないでしょうか。

しかし，発達障害の子どもは，その特性の強さから，困難ばかりが目立ってしまうことがあります。やるべきことができなかったら，「よくできました！」とほめることはできません。

そのときに使えるのがリフレーミングのテクニックです。要は，子どもの状態を別の視点から見てみるのです。

マイペースな子どもなら「取り組みが丁寧だね！」
動きが多い子どもなら「パワーがあるね！」
すぐマイナス思考になってしまう子どもなら「想像力が豊かだね！」
あまり考えずに発言してしまう子どもなら「失敗を恐れないね！」

いかがでしょうか。

発達障害の子どもの困難として取り上げられるようなものも，リフレーミングすれば，ほめ言葉を生み出せるのです。

弱みを強みに変えていく，それは特別支援教育の原点でもあります。

4章

特別な支援が必要な子どもの保護者対応の仕事術

■よりよい面談をするには
■よりよい保護者会をするには
■もしも保護者の要求への対応が難しかったら
■もしも特別支援学級への転学を進めるときは

よりよい面談をするには

仕事術 45 建設的な話し合いの
下地づくりから始める

子どもに学校で何かしらの困難があり，学校だけでは解決が難しいことも
あります。その解決に向けた「面談」を保護者と行う場面について考えてみ
ましょう。

おそらく，多くの保護者も解決を望んでいるので，面談には協力的だと思
います。しかし，そうはいっても「何か家庭のたりないところを指摘される
のではないか」「私が先生に叱られるのではないか」と心理的な不安を抱え
ながら学校にやってくる保護者もいると思います。

保護者が心理的な不安を抱えていると，抵抗感が強くなります。抵抗感が
強くなると，建設的な話し合いが進みにくくなります。

●保護者との面談における建設的な話し合いの下地づくり

学級担任から事情などを説明した後に，まず「保護者の方のご意見をうか
がわせてください」と，保護者の意見を聞くようにします。保護者の意見を
積極的に聞こうとする姿勢をとることで，保護者のバリアも下がります。

一方的に何かを伝えたり，お願いしたりするのではなく，まず保護者と人
間関係を構築すること。特別な支援が必要な子どもの保護者とは，そのよう
な関係性を築いていくことが大切です。

あらかじめ
「終わらせる」方法を考えておく

　保護者によっては，面談が長時間にわたることもあります。

　面談に多くの時間をとられるのは，学級担任にとって大きな負担となります。それが長時間勤務の原因となってしまうこともあります。

　あらかじめ，どのように「終わらせるか」を考えておくとよいでしょう。

●面談を上手に終わらせる仕事術
・あらかじめ終了時刻を伝える
　「今日は16時30分から次の打ち合わせがありますので，面談は16時25分までとしたいのですがよろしいでしょうか」と，あらかじめ終了時刻を保護者に伝えておきます。

・同僚の先生に協力してもらう
　面談が始まる前に，同僚の先生に「〇時になったら校内放送で呼び出して」「教室に『会議が始まります！』って迎えにきて」と頼んでおきます。

・次回の予約を決める
　「別の日にもう一度お話ししませんか？」と，次回の面談の予定をその場で設定して，終わりにします。

　これらのテクニックは，電話対応などでも活用できます。保護者から長時間の話があったり，頻繁に連絡があったりすると，対応に時間がかかるでしょう。このようなときも「どのように終わらせるか」を考えていくとよいでしょう。

よりよい保護者会をするには

4月の保護者会では
第一印象をよくする

　4月の保護者会。学級担任にとっては，保護者とも初の顔合わせの場になります。初の顔合わせでは，第一印象が大切です。

　第一印象で「この先生に子どもを任せたい」「安心して学校に通わせられる」と，保護者に思ってもらえるようになると，のちのちの学級経営がとてもスムーズになります。

　反対に「この先生，大丈夫かな……？」「ちょっと心配……」という印象をもたれてしまうと，ちょっとしたトラブルのときなどに対応するのが難しくなってしまうことがあります。

　特別な支援を必要とする子どもの保護者とは，連絡をとり合うことが多くなるので，このときの印象がその後を左右します。「この先生に子どもを任せたい」と思ってもらえるような印象を与えることがポイントです。

●4月の保護者会で好印象を与えるには

　一番の NG ワードは「特別な支援については，私はよくわかりませんので……」といった発言です。このような特別な支援についてのネガティブな発言は控えるべきです。

　「一緒に勉強していきます」のような，ポジティブな発言を意識していくとよいでしょう。

理解啓発は慎重に行う

　ある子どもが友達に対して暴力行為をしてしまったり，大声や離席などで授業を妨害してしまったりといったことが度重なると，他の子どもの保護者から苦情が寄せられることがあります。

　問題を起こしている子どもに発達障害がある場合，もしかしたらその子どもの保護者が「保護者会でみなさんに子どものことを説明して，理解を求めたい」と要望されることがあるかもしれません。たしかに，当事者となっている保護者がそのような説明をすることで，他の保護者の共感的な理解が得られる可能性もあります。

　しかし，共感的な理解が得られず炎上してしまうようなリスクもあります。慎重に対応することが必要です。

●保護者会にて特別な支援を必要とする子どもの理解を図る場合
・事前準備を入念に行う
　特に，保護者が子どもの状況などを直接説明する場合は，事前に一緒に読み原稿や想定問答集を作成したり，学級担任からもフォローの言葉を用意したりするなどの配慮と事前準備が大切です。

・管理職や特別支援教育コーディネーターが同席する
　リスクが想定される場面のため，学級担任だけで行うのは基本的には避けた方がよいでしょう。管理職や特別支援教育コーディネーターが同席することで，学校全体で，特別な支援が必要な子どもをしっかりサポートしているという印象を与えることができます。そのような学校の姿勢は保護者の安心感にもつながります。

もしも保護者の要求への
対応が難しかったら

仕事術 49　全てを受け入れるのではなく，「共感」する

　特別な支援が必要な子どもの保護者から「もっと〇〇してほしい」「特別に〇〇してほしい」といった強い要求をされることがあります。

　もちろん，学校として，できる限り対応していくことが必要です。

　しかし，場合によっては，実現不可能な要求をされることもあります。

　このような場合は，まず保護者の気持ちに寄り添うことから始めます。すなわち，「共感」をテクニックとして用いるのです。共感をテクニックとして用いることで，要求の全てを受け入れられなくても，納得してもらえるようになります。

●共感の方法

・部分的に共感する「〇〇のことは，私もそう思います」

　要求の一部分だけに部分的に共感する方法です。全面的に肯定したり，否定したりすることを防げます。

・仮定的に共感する「もし，〇〇であれば，そうでしょうね」

　「そのような要求は場合によっては実現可能ですよ」というニュアンスになります。つまり，おっしゃることは間違っていないけれども，条件が整っていないために難しいということを伝えることができます。

・条件的に共感する「お母様の立場では，そう思われるのはわかります」

「保護者の立場に共感する」という方法です。「わかってもらえた」と保護者に感じてもらえる効果をねらいます。

・個人的に共感する「個人的には，お気持ちはよくわかります」

今後も関係を良好にしていくために有効な方法です。これだと学級担任が敵にならずにすみます。

仕事術 50　「戦闘モード」の保護者は，「安心モード」に変えていく

保護者とこじれてしまうケースは，たいていの場合，保護者が「戦闘モード」になってしまっています。

学校は，保護者の要求に対して，丁寧に対応しなければという意識が働きます。それはとても大切なことなのですが，丁寧な対応が，意図せず保護者のイライラを高め，保護者を戦闘モードにさせてしまうことがあります。

よく子どもが戦闘モードになったとき，「クールダウン」という手法をとることがあります。クールダウンとは，落ち着かせることです。

戦闘モードになってしまっている保護者に対しても同じようにクールダウンが必要です。保護者との話し合いの際に「今，この保護者は戦闘モードになっているな」と気づけたら，「どうやってクールダウンしようか」ということを考えるとよいでしょう。

もちろん，保護者を，子どものようにクールダウンスペースにご案内するわけにはいきません。そこで，「共感」の方法を用いて，保護者の戦闘モードを，安心モードに変えていくのです。

もしも特別支援学級への
転学を進めるときは

仕事術 51　適切な情報を
子どもや保護者に提供する

　特別な支援が必要な子どもたちの中には，通常の学級よりも，特別支援学級などの学びの場の方がふさわしいと考えられる子どもがいます。3章で紹介した「多層指導モデル」でいえば，3rdステージにあたる子どもの中にいるでしょう。

●通常の学級から特別支援学級への転学を検討するためには

　まず，転学の基本的な考え方を理解しましょう。現在，我が国ではインクルーシブ教育システムを構築しています。インクルーシブ教育の理念では，全ての子どもが通常の学級で学ぶことができるようにしていくことが目指されています。しかし，より子どものニーズに応えられるよう，特別支援学級や特別支援学校といった「多様な学びの場」を設置することとしています。つまり，子ども側が自分の教育的なニーズに応じて，学びの場を「選べる」仕組みとなっているわけです。

　子ども側が「選べる」という考え方がポイントです。学級担任がいくら子どものためだからといって「特別支援学級に転学させる」ことはできないのです。

　学級担任が転学にあたってできることは「適切な情報を子どもや保護者に提供する」ことになります。

子どもや保護者の思いに寄り添う

　さて，特別支援学級に転学するための「適切な情報を子どもや保護者に提供する」ためには，どのようなことが必要でしょうか。

　場合によっては，子ども側に「通常の学級から追い出された」という感情を与えてしまいます。これは差別的な扱いになってしまう危険性があります。

●子ども側が自分にとって適切な学びの場を選べるように支援する

・特別支援教育コーディネーターと連携する

　学級担任だけで進めるのではなく，学校の支援体制として，特別支援教育コーディネーターと共に対応していくとよいでしょう。特別支援教育コーディネーターから，子どもや保護者に情報を提供することが可能となります。

・学級見学をすすめる

　子ども側が実際に特別支援学級を見てみると理解が進みます。「こういうクラスがあるので，一度見学されてはいかがですか？」と，見学をすすめることも「適切な情報を子どもや保護者に提供する」ことになります。

・教育委員会に相談する方法を情報提供する

　特別支援学級に転学する意向があるようなら，具体的な転学に向けてのステップについて情報提供を行っていきます。

　各自治体では，教育委員会に転学の対応をする窓口があります。その窓口の存在を，保護者に情報提供しましょう。転学についての相談は，必ず保護者自身が行う必要があります。

インクルーシブな学校組織のデザイン

　教室には，多様な子どもがいます。そして職員室には，多様な教員がいます。

　1章で「特性」の話を取り上げましたが，これは教員にもいえることです。視覚優位の教員もいれば，聴覚優位の教員もいます。例えば，研修を受けるときには，視覚優位の教師は何かを読んだり見たりするタイプの研修の方が受けやすいと思いますし，聴覚優位の教師は聞いたり話したりするタイプの研修の方が相性がよいでしょう。

　性別に関することもあります。性別によって，教師の処遇に差をつけることがあってはなりません。しかし，教師の場合は，子どもへの対応の際にどうしても性別が重要になります。例えば，子どもたちの着替えやトイレ，宿泊学習の入浴指導などは，やはり同性の教師が対応しなければなりません。ですので，男性教員，女性教員が連携していくことが必要です。

　子育て中の教員や，非常勤講師のような非正規の教員は時間にシビアです。勤務時間外に会議を設定すると，この方たちは働きにくくなります。

　職員室における教員の多様性という視点から，それぞれの教員の特性や性別，立場などを受け入れ，それを尊重していくインクルーシブな学校組織の在り方が，今，求められているのではないでしょうか。

　筆者は，インクルーシブな学校組織のデザインにおいて大切な要素は，例外を認めていける柔軟性と，安心して意見を言える心理的安全性だと考えています。これらは学級経営にも生かせるものですが，学校組織にも生かせるものだと思います。

5章

通級・特別支援学級との連携の仕事術

■子どもを通級につなぐときは
■通級の先生が授業参観に来るときは
■通級の先生と面談するときは
■特別支援学級の子どもが授業に参加するときは
■特別支援学級と行事で交流するときは

子どもを通級につなぐときは

誰が困っているのかを明確にする

　まず，通級指導教室を利用するということは，どのようなことなのかを考えてみたいと思います。

●子どもが困っている？　学級担任が困っている？
・子どもが困っているから通級を利用する
　通級指導教室は「子どもが学習や生活をする上で困っていることがあるから」利用するというのが，正しい考え方です。

・学級担任が困っているから通級を利用する
　「担任が困っているから」子どもに通級を利用させるというのは間違った考え方です。
　「この子どもは，授業についてこられなくて困っています」「この子どもは，他の子どものじゃまばかりして困っています」このような捉え方だと，それは「担任が困っている」状態であるといえます。
　もしかしたら「授業の進め方がわかりにくいから，子どもが困っている」「学級経営が不安定だから，子どもが困っている」という可能性だってあるわけです。厳しい言い方ですが「子どもに責任転嫁した」結果，子どもが「困っている」としてしまうこともあるのです。

仕事術 54　実現可能で具体的な指導目標を考える

　「子どもが困っているから通級を利用する」ことになれば，具体的な指導目標を立てやすくなります。

　例えば，気持ちが落ち着かなくて授業に集中できない子どもがいたとします。子ども自身が困っているパターンだと，「気持ちが落ち着かないときにヘルプを出すことができる」というような具体的な指導目標を子どもと一緒に考えて設定することができます。この指導目標に応じた指導や支援を，通級指導教室にて取り組むという形になります。

　一方，子どもは困っていないけれども，学級担任が困っているから通級を利用する場合には，具体的な指導目標が設定しにくくなります。学級担任の視点だと，例えば「気持ちを落ち着けることができる」といった大ざっぱな指導目標になりがちです。

　このような大雑把な指導目標は，当然ですが，指導しても改善できる見込みは低いです。なぜなら，「気持ちを落ち着けることができる」というような大きな目標は，子どもが生涯をかけて改善・克服していかなければならない課題だからです。

　通級指導教室を利用することのできる時間は，最大でも週に８時間程度です。生涯をかけて改善するような課題は，その時間内だけでは到底なしえないでしょう。

　つまり，指導目標の設定がカギを握っているということです。このことを応用すれば，最初は「担任が困っている」ことからのスタートであったとしても，そこから実現可能で具体的な指導目標を考えていくようにすれば，その子どもにとって通級指導教室の利用が適切になっていくわけです。

通級の先生が授業参観に来るときは

仕事術 55 通級の先生が参観に来ることを子どもに知らせる

　よく「特別支援教育のことはよくわからないから，通級指導教室におまかせ」という学級担任がいます。

　「おまかせ」というよりも，もはや「丸投げ」です。学級担任として無責任な態度と言わざるを得ません。

　通級指導教室とは，相互に連携を深めていく必要があります。

　通級の先生が，通常の学級での様子を観察に来ることがあります。このときの学級担任の対応について考えてみましょう。

●通級の先生が参観に来るときの対応
・通級の先生が参観に来ることを子どもに知らせる

　サプライズを用意する必要はありませんが，やはり事前に予告しておくことが必要です。

　通級を利用している子どもだけでなく，学級全体に伝えることも考えられます。

　そもそも「通級って何？」と思っている子どももいるでしょう。通級の先生が授業参観に来る機会をうまく利用すれば，通級について知る機会になります。「通級の理解啓発の１日」くらいに考えてもよいと思います。ただし，当の子どもに「みんなに通級の先生を紹介してもよいかな？」と許可を得るなどの配慮は必要でしょう。

仕事術 56 子どもたちにとっての 教育的な効果を意識する

　授業参観に来た通級の先生，特に違う学校に設置されている通級の先生に対しては，どのように対応するのがよいでしょうか。

　これは通級の先生からよく聞かれることですが，声をかけようとしても，ずっと子どもの対応をしていたり，すぐ教室から出ていってしまったりする学級担任がいるということです。

　必要以上に気づかう必要はありませんが，学級担任も，もう少し広い視野で考えるとよいでしょう。

　実は，授業参観に来た通級の先生と接する機会は，思いがけず子どもたちにとっての教育的な効果につながることがあるのです。

●授業参観に来た通級の教員と接することによる教育的な効果

　まず，「お客様にはあいさつをする」という一般的な社会生活のお手本を子どもたちに示すことができます。

　子どもには「お客様にあいさつをしましょう」と指導していることが多いと思います。これは学校の中での，不審者対策としても効果があります。学級担任自らがお手本となるべきでしょう。

　また，通級を利用している子どもに対しては，「先生同士はちゃんとつながっているんだよ」ということを示すことができます。それは子どもにとっての安心感につながります。

　授業開始前に，学級担任の方から一声，あいさつするのが望ましいでしょう。もし，タイミング的に難しいようであれば，ちょっとアイコンタクトをするだけでも効果はあります。

　子どもたちは，学級担任の様子をよく見ているからです。

通級の先生と面談するときは

仕事術 57 専門家同士の コンサルテーションの場にする

　面談というと，「教師と保護者」「教師と子ども」あるいは「管理職と一般教員」のように，立場が対等ではないものが多いと思います。

　学級担任と通級の先生の面談はどうでしょうか。この関係性は，持ち場は違えど同じ教員同士という立場です。ちょっと特殊な位置関係です。

　この関係性での面談は，「コンサルテーション」という言葉が近いでしょう。

　コンサルテーションとは，「異なる専門性をもつ」者同士が，支援対象であるケースについてその問題や課題を評価・整理し，よりよい支援のあり方について話し合うことです。

　学級担任は，その学級の「専門家」です。そして通級の先生は，特別支援教育の「専門家」です。つまり「異なる専門性をもつ」者同士なのです。ですので，通級の先生と面談をするということは，コンサルテーションの場であるということができます。専門家同士という立場で，子どもに対する見方や課題の整理の仕方について，新しい視点をお互いに得ることが目的の面談だといえます。

　学級担任は「何か自分のたりないところを言われるのではないか」と恐れたり，「何かアドバイスがほしい」と期待したりするかもしれません。しかし，コンサルテーションの場である以上，学級担任も通級の先生も win-win の面談となるようにしていくことが望まれます。

子どもの困っていることが
具体的に伝わるようにする

さて，通級の先生との面談では，いったいどのような話をすればよいでしょうか。

保護者との面談では，子どものよいところを中心に伝えることが多いと思います。それは，子どもの健やかな成長のために保護者に子どものよいところを積極的に見つけてほしいという意図があるからです。

では，通級の先生との面談では，学級担任としてどのような意図が必要でしょうか。やはり，通級を利用している子どもの困難が改善されるようになるという意図をもつことが重要です。

ですので，子どもの困っていることが具体的に伝わるようにすることがポイントとなります。

●具体的に伝えるポイント
・子どもの作文，絵，作品など，子どもが取り組んだものを見せる

「字の形が整わない」と言葉で表現するよりも，実物を見せた方が，どの程度「字の形が整わない」のか，細かいところまで理解してもらうことができるようになります。もし，書字の様子が，通級でのものと異なるようであれば，環境面や心理面に課題があるのかもという仮説が立ちます。

・トラブルのエピソードを伝える

もしかしたら，連絡帳などで伝えているかもしれませんが，やはり文字情報だけでは伝えきれないことがあると思います。特に，そのトラブルに至るまでの経緯や前提条件などは，通級の先生にとっても指導のヒントになることがあるでしょう。

特別支援学級の子どもが
授業に参加するときは

仕事術 59 特別支援学級で作成された 「個別の指導計画」を確認する

　校内に設置されている特別支援学級の子どもが，通常の学級（交流学級）に来て，教科学習の授業を受けることもあります。

　しかし，そもそも特別支援学級での教育が必要な子どもたちですから，通常の学級の授業に参加する場合は，学習の方法や内容の調整・変更が必要となることが多いです。それについては，特別支援学級の担任が**「個別の指導計画」**にて示していくことになります。

　したがって，通常の学級担任は，その子どもの「個別の指導計画」を確認することが必要です。もし，そこに特別な支援の手だてについての記載があれば，そのような手だてを講じることになります。

　特に何の記載もないようであれば，他の子どもと同様に指導してよいということにもなります。

　おそらく多くのケースでは，何らかの配慮が必要です。それが「個別の指導計画」が必要となる理由でもあるわけです。

　また，学習の評価についても，学習の方法や内容を調整・変更した場合は，その所見を文章で「個別の指導計画」に記述することになります。実際には，特別支援学級の子どもの場合は「個別の指導計画」で評価していくことが多くなるでしょう。

仕事術 60 子どもが1人で授業に参加しても, 戸惑わないような配慮をする

　特別支援学級の子どもが, 通常の学級の授業に安心して参加できるようにしていくためにどのようなことが必要でしょうか。これは, 子どもが1人で参加するか, つきそいの先生や支援員がいるかどうかで変わってきます。

●子どもが1人で参加する場合

　子どもが1人で授業に参加しても, 戸惑わないような配慮をすることが大切です。

　机といすは必ず用意しておきましょう。できたら毎回同じ位置にしてあると, 子どもも戸惑わなくてすみます。

　また, 安全管理については特別支援学級の担任と事前に打ち合わせておくとよいです。授業中の安全管理もそうですが, 通常の学級の教室への行き帰りに何かあったときの対応についても打ち合わせておくとよいでしょう。

●子どもにつきそいの先生や支援員がいる場合

　つきそいの先生や支援員が, その子どものそばにただ座っているだけというようなことがあります。これはあまり意味がありません。もったいないことです。

　つきそいの先生や支援員が, その子どもを含めて, 学級全体のサブティーチャーや支援員として, 他の子どもの指導にも関わることができるようにしていくとよいでしょう。

　それもまた「交流」の1つです。通常の学級と特別支援学級の垣根を越えていくことが, 学校全体としての交流の土壌となります。

特別支援学級と行事で交流するときは

仕事術 61 行事の特徴や子どもの実態に応じて，柔軟な対応を考える

　特別支援学級のある学校では，授業での交流だけでなく，行事での交流も多くあります。

●いろいろな行事での交流

・文化的行事，健康安全・体育的行事（音楽会や運動会など）

　学校によって，特別支援学級の子どもが通常の学級の一員に加わったり，あるいは特別支援学級としてまとまって参加したりするなど，参加の方法は学校の実情によります。

・儀式的行事（入学式や卒業式など）

　これは一緒にその場に参加することが大きな目的となります。事前に練習の機会を設けていくとよいでしょう。

・遠足・集団宿泊的行事

　特に宿泊行事は，長い時間を一緒に過ごすことになりますので，より綿密な事前計画が必要です。子どもによっても宿泊行事への配慮の方法が変わってきますので，「毎年こうだから」といった固定的な考えではなく，そのときの子どもの実態に合わせて柔軟な対応を講じていけるようにするとよいでしょう。

仕事術 62 システム的に連絡漏れを 防げるようにしていく

　交流に関して，特別支援学級の先生は不満を抱えることがあります。それは「通常の学級によく忘れられる」ということです。

●よくある交流での特別支援学級の不満

・学年行事の連絡がこない
・プリントの枚数が特別支援学級の人数分だけたりない
・学年全体の保護者会において，特別支援学級の子どもの名簿が用意されていない

　このようなことが積み重なると，特別支援学級の先生は「学校の中で大切にされていない」「放っておかれている」と，存在を否定されているかのように感じてしまうこともあります。

　交流というものは，通常の学級と特別支援学級の間で，調整や連絡をすることに，思いのほか大きな労力を要します。子どもの交流も大事ですが，それ以前に教員間での交流が，とても大切なのです。

　「学年行事の変更の連絡がこない」というようなヒューマンエラーが起こってしまうことは仕方ないかもしれません。したがって，システム的に連絡漏れを防げるようにしていけるとよいでしょう。例えば，学級の子どもたちの係活動として「連絡係」をつくったり，職員室の座席を近くにしたりすることなどが考えられます。

　いずれにしても，普段から，通常の学級と特別支援学級の教員同士が風通しよく，話し合える職場環境をつくっていくと，調整や連絡がスムーズになるでしょう。

Column
「個別の教育支援計画」をどのように活用するか

ウチの子どもは，LD（学習障害）です。特に，書字が困難です。

3年生のときの担任の先生は，そのあたりのことをちゃんとわかってくれていて，漢字のテストのときなどは「線が1本たりないけれど，読めるからマルにしましょう」と，間違って書いた解答も正解にしてくれました。子どもも，先生がマルをくれるから進んで漢字の学習に取り組んでいました。しかし，4年生になって新しい担任の先生になったら，「正確に漢字が書けていないのだからマルはあげられません」と，毎回漢字テストでは1つもマルをもらうことができず，何度もやり直させられます。子どももだんだん漢字の学習へのやる気がなくなってきました。

（4年生の子どもの保護者より）

昨年度の担任の先生はちゃんと子どものことを理解して，支援してくれたのに，今年度の担任の先生は全然理解も支援もしてくれない。学校としてどうなっているのか。そう，この保護者は思っているのかもしれません。

このようなことは，子どもの支援について学級担任が大きな裁量をもっている小学校でよく起こりがちなことです。

もちろん，学年が新しくなることで，これまでとは異なることにチャレンジして，心機一転がんばれる契機になることはありますが，発達障害のある子どもの場合は，このような変化になかなか対応できないこともあります。

学級担任だけが，子どもの支援内容を決めている状態だと，このようなことが起こりがちです。もちろん，子どもへの支援は，学級担任が臨機応変に行う場合もたくさんあります。しかし，計画的に行っていく支援もあるのです。そのために「個別の教育支援計画」があるのです。

計画的に進めていくべき支援は，その内容を校内委員会で検討して，それを「個別の教育支援計画」に明記していくことが大切です。

6章

「個別の指導計画」作成の
仕事術

■ 「子どもの様子」の欄を書くには
■ 「目標」の欄を書くには
■ 「手だて」の欄を書くには
■ 「評価」の欄を書くには

「子どもの様子」の欄を書くには

仕事術 63 仮説につながる「子どもの様子」を記述する

　「個別の指導計画」は，その子どもがどのような実態なのかを整理すること，つまり文章にして「見える化」することから始まります。それを記述するのが，「子どもの様子」の欄です。（書式によっては，「子どもの実態」「現在の実態」「現在の状況」などの表現をする場合があります）

　子どもの行動面の様子を記述するためには，子どもの情報を集めなければなりません。

●行動面は仮説につながる「子どもの様子」を記述する

　行動面を記録する際には「いつ」「どこで」「誰と」「どのような」という情報をあわせて記録していくとよいでしょう。

　このような記録を積み重ねていくと，「あれ？　この子どもはいつも午前中にトラブルを起こしているな」「教室以外ではトラブルを起こしていないな」というような一定の傾向がわかることがあります。それを「子どもの様子」の欄に記述します。

　午前中にトラブルが頻発するようであれば，例えば「もしかしたら，おなかがすいてイライラしているのではないか？　朝ごはんをちゃんと食べてないのではないか？」というような仮説につながりやすくなります。

学習面は，表現をなるべく具体的にしていく

　子どもの学習面の様子についての記述は，なるべく具体的に書くようにするとよいでしょう。

●子どもの学習面の様子を記録する
・学習の困難の状況をわかりやすく書く

　例えば「漢字が書けない」という表現だと，「漢字の形のバランスがとれないのか」「漢字を文章の中で使えないのか」「漢字を覚えられないのか」というように，いろいろな状況が想定されるため，表現としては不十分です。なるべく具体的に記述していくことが必要です。

・関連する情報にもふれる

　「漢字が書けない」という場合，「ひらがなは書けるのか」「カタカナは書けるのか」「アルファベットは書けるのか」「数字は書けるのか」「漢字を読むことはできるのか」などの情報もあるとよいでしょう。「ひらがなは書けるけれど，漢字は書けない」というような情報が，指導のヒントにつながります。

・いつもそうなのか，条件によって異なるのか

　「漢字が書けない」という場合，「板書をノートに写すときだけ漢字を書かない」「自分の名前の漢字だけは書けている」など，いつも「漢字を書けない」わけではなかったり，「全ての漢字を書けない」わけではなかったりすることがあります。もし，条件によって異なるのならば，それを記述していくとよいでしょう。

「目標」の欄を書くには

仕事術 **65** 目標の主語に気をつける

　「個別の指導計画」で最も重要なのは，「目標」の欄です。目標がしっかりしていないと，手だても評価も成り立ちません。

　ちなみに，「個別の指導計画」と似た書類に「個別の教育支援計画」があります。どちらの書類にも目標の欄があります。この2つの書類の「目標」の違いが理解できると，記述しやすくなるかもしれません。

【かけ算九九が唱えられない子どもの場合の表現例】

個別の指導計画	かけ算九九を確実に唱えられるようにする 〈主語が子ども〉
個別の教育支援計画	かけ算九九などの学習をできるようにするために，視覚的支援を用いる 〈主語が大人〉

　「個別の指導計画」の目標の主語は「子ども」です。したがって，「子どもがどのような目標を達成できるか」という表現になります。

　一方，「個別の教育支援計画」の目標の主語は「大人」です。教師や支援を行う人が主語になります。つまり，「子どもがよりよい教育を受けることができるようになるために，教師はどのようなことを行うか」というニュアンスになります。

年間指導計画を下敷きとして，修正する作業とする

　目標を立てても，それを指導する機会がなければ，その目標は達成されません。実は，「個別の指導計画」の目標を通常の学級で活用することは，とても難しいのです。

　通常の学級の子どもの場合，目標は一から考える必要はありません。その学年の年間指導計画に示された目標を下敷きとするのです。

【小学校３年生「モチモチの木」の場合の目標例】

一般的な年間指導計画における「目標」	文章を読んで中心人物の性格を**想像**して，感じたことや考えたことを共有することができる
想像することが難しい子どもの 個別の指導計画における「目標」	中心人物の性格を表している**文章を見つけ**，感じたことや考えたことを共有することができる

　大前提として，通常の学級では，年間指導計画に応じた目標のもと，授業を進めていきます。

　しかし，「個別の指導計画」の作成が必要になる子どもは，年間指導計画に示された目標が，その特性のため現実的に達成できないことがあります。そこで，あらためて「個別の指導計画」で，個別の目標を設定するということになります。

　したがって，作業的には，年間指導計画を確認して「これはこの子どもには難しいだろう」というところを修正するということになります。

　こうすると目標を通常の学級で活用することが可能となります。

「手だて」の欄を書くには

仕事術 67 各教科の学習指導要領解説を参考にする

　目標を立てたら，次にその目標を達成するための具体的な「手だて」を考えていきます。

　もちろん，学級担任にとって，子どもに対して「具体的にどのような手だてを講じたらよいのか」というところは一番知りたいところだと思います。

　しかし，子どもの指導のための具体的な手だてを考えることは，学級担任の経験知に左右されます。経験の浅い学級担任はなかなかアイデアが浮かびにくいかもしれません。

　手だてを考えるために，簡単かつ信用できる方法は，**各教科の学習指導要領解説を参考にする**ことです。

　各教科の学習指導要領解説には，「指導計画の作成と内容の取扱い」に関する項に，「障害のある子ども」に対しての記述があります。

　例えば，国語科であったら「文章を目で追いながら音読することが困難な場合には……」「声を出して発表することに困難がある場合や，人前で話すことへの不安を抱いている場合には……」というように，その教科で見られる代表的な困難がある子どもの例を挙げて，その子どもへの手だての例を示しています。

　もし，この学習指導要領解説で例示されているケースと似たような子どもであれば，ここから手だてのヒントを得ることができます。

仕事術 68 「ユニバーサルデザイン」の視点と，「合理的配慮」の視点から考える

　手だてを考える際のポイントとして，「ユニバーサルデザイン」の視点と，「合理的配慮」の視点を知っておくとよいでしょう。

●ユニバーサルデザインの視点

　その特定の子どもだけでなく，クラスの子ども全員にとっても有効な手だてを考えると，ユニバーサルデザイン的な手だてになります。

　例えば，「見通しがもちにくい」子どもに，「授業の予定を黒板に書く」という手だてを考えたとします。これは，その子どもだけでなく，クラスの子ども全員にとっても有効な手だてになると考えられます。

●合理的配慮の視点

　特定の子どもにだけ，特別なことを認めるという手だてが，合理的配慮の手だてとなります。

　例えば，「手で書くのが苦手な子ども」に「手書きではなくパソコンのワープロソフトを使用することを認める」という手だてを考えたとします。これは，他の子どもには認められないけれども，その子どもだけには認めるというニュアンスになります。

　ここでいう「認める」ということは，「子どもがこうしてほしい」ということを認めるということです。つまり，教師が何か特別な手だてを考えるというよりは，子どもからの要求を認められるか認められないかをジャッジするということになります。

　つまり，「子どもがこうしてほしい」という要求を認めるということが手だてとなるわけです。

「評価」の欄を書くには

仕事術 69 通級指導教室との連携を意識して記述する

　指導の結果については，「評価」の欄に記述します。（書式によっては，「成果と課題」「所見」などの表現をする場合があります）

　評価はもちろん，目標に対応することが大原則です。シンプルに目標に対する結果を書けばよいと考えます。

　さて，「個別の指導計画」を作成している子どもの中には，通級指導教室を利用している子どももいるでしょう。そのような子どもの場合は，通級指導教室で学んでいることが，通常の学級でもできるようになっているかどうかについて，評価をするとよいでしょう。

> **通級指導教室との連携に基づいた記述例**
> 　通級指導教室で学んだ「漢字をパーツごとに分解して覚える方法」を，漢字の宿題でもやってみるようにしました。「たて，よこ，ななめ」のように，自分で声に出して覚えています。漢字を覚えることができるようになり，漢字の学習にもやる気が出てきた様子が見られました。

　この視点で評価を行うことで，通級指導教室との連携が図れているかどうかも点検することができます。

仕事術 70 家庭でも参考になるようなことを記述する

　評価は，保護者に対して子どもの現在の状況を伝えるという役割もあります。

　特別な支援が必要な子どもが，今後よりよく成長していくためには，保護者に対して的確な情報を伝えて，家庭でもできそうなことに取り組んでいただくようにしていくと効果的です。

　以下は，活動に過度に集中してしまい，終了時刻になっても活動を終えることができない子どもの評価の記述です。

家庭との連携を意識した記述例

　好きな活動のときは，とても熱中するあまり，次の活動に切り替えられないことがありました。そのようなときは，残り時間を確認するように促し，あと何分で今の作業を終えなければならないのかと声かけしていました。また，タイマーを使って，残り時間を見えるようにしました。そうすることで，好きな活動のときでも，終了時刻を守ることができるようになってきました。

　このように「個別の指導計画」の評価の欄で，保護者に学校での取り組み状況について伝えていくことができます。

　もし，家庭でも同じような状況が見られるようであれば，ここに書かれている，声かけやタイマーなどの手だてを，家庭で同じようにやってみることができるでしょう。

　このように工夫して「個別の指導計画」を作成していくことで，「個別の指導計画」が学校と家庭が連携するためのツールとなります。

スタンダードとオプション

　学級担任は，集団に対する指導が基本です。

　集団に対して「こうしましょう」という1つの方法を示すこと。これは，「スタンダード」と呼ばれることがあります。

　よく「〇〇小学校スタンダード」と称して，「筆箱に入れる鉛筆は3本」のように子ども側にスタンダードに沿うことを求めたり，あるいは「授業では，まずねらいを明示する」のように教師側にスタンダードに沿うことを求めたりすることがあります。

　しかし，「スタンダード」があるから助かることがある一方で，「スタンダード」があるからそこからはみ出て目立ってしまうということもあります。

　「スタンダード」に沿うことが難しい子どもは，特別な支援が必要といわれるのかもしれません。もっとも，集団の「スタンダード」で対応できないからこそ，特別な支援が必要となるといってもよいのかもしれません。

　もう少し「スタンダード」に柔軟性があってもよいと考えてはいかがでしょうか。

　先の筆箱の例で例えるならば，「筆箱に入れる鉛筆は3本」というのは「スタンダード」ですが，「必要な子どもは5本持ってきてもよい」という柔軟性をスタンダードに織り込んでおくことが考えられます。

　これは「スタンダード」に対して，「オプション」と呼んでよいでしょう。

　つまり，「スタンダード」を定める際には，必ず「オプション」を標準装備していく。そうすれば，より子どもの多様性に応じることが可能となります。

7章

教科指導における
特別な支援の仕事術

国語科での特別な支援の方法

仕事術 71 「話すこと・聞くこと」では，何を目的とした学習活動なのかを確認する

　国語科の「話すこと・聞くこと」の，特に「話す」ことを必要とする学習活動において困難を示す子どもについて見てみましょう。

　例えば，伝えたいことを話す際に何らかの困難がある子どもがいます。吃音（いわゆる「どもり」）の子どもや，構音障害（「サカナ」の「サ」音が「タ」音になってしまうなど）の子どもは，「話す」ことを必要とする学習活動で困難が生じやすいでしょう。

　また，人前で話すというシチュエーションが苦手な子どもがいます。人前で話すシチュエーションは，人の視線を浴びながら話すということです。普通に話すこととは状況が異なります。普通に話すことはできても，人前で話すことは怖いと感じてしまいます。

　国語科「話すこと・聞くこと」の学習活動のねらいは，「みんなの前で声を出して話す」活動ありきではありません。

　国語科「話すこと・聞くこと」の指導事項について，小学校の学習指導要領解説では，「身近なことや経験したことなどから話題を決め，伝え合うために必要な事柄を選ぶこと」「相手に伝わるように，行動したことや経験したことに基づいて，話す事柄の順序を考えること」とあります。これは，吃音や構音障害の子どもでも，人前で話すことが苦手な子どもでも，達成することは可能なのです。

とはいえ，実際の「話すこと・聞くこと」では，ペアやグループで話し合ったり，発表したりする形態の授業が行われることが多いです。「みんなの前で声を出して話す」活動ありきではありませんが，話し合い活動や発表は，スタンダードな学習活動だといってもよいでしょう。

したがって，「話すこと・聞くこと」で特別な支援が必要な子どもとは，このスタンダードな学習活動が合わない子どもであるといえます。

ここで重要なことは，スタンダードな学習活動が合わないからといって，教科のねらいが達成できないというわけではないということです。あくまでも，教科のねらいを達成するための学習活動なのです。

スタンダードな学習活動に取り組めないようであれば，かわりの方法を取り入れることができるかどうかを，学級担任は考えていくとよいでしょう。

●「話すこと・聞くこと」の学習活動における特別な支援
・紙やホワイトボードに書いたものを提示する

「話す」ことではなく，「書く」ことで代替する方法です。学級担任が「書いて発表してもいいよ」と認めるだけで，「話す」ことに困難がある子どもにとってはハードルが下がります。

・ICT機器を活用する

別室や自宅では話すことができるという子どもであれば，リモートを活用して，別の場所から活動に参加するという方法で対応できます。また，録画したものを提出することで代替するという方法でもよいでしょう。

学級担任が「リモートや録画したものを提出してもいいよ」と認めるだけで，「話す」ことに困難がある子どもにとってはハードルが下がります。

音読では，子どもの実態に応じて方法を使い分けていく

　国語科において，「音読」はとてもメジャーな学習活動です。

　音読は，国語科の中の位置づけでは「読むこと」だけでなく，【知識及び技能】の「言葉の特徴や使い方に関する事項」に関する指導事項になっています。例えば，小学校１・２年生では「語のまとまりや言葉の響きなどに気を付けて音読すること」と示されています。

　さて，この音読がうまくできないという子どもがいます。音読の困難さは，子どもによって実態が様々です。音読の困難さに対応する支援の方法もたくさん知られるようになってきていますが，子どもの実態に応じて方法を使い分けていくということが，学級担任として必要です。

●「読むこと」の学習活動における特別な支援

・教科書の文を指で押さえながら読むよう促す

　音読しているときに「どこを読んでいるかわからなくなってしまう」というタイプの子どもに有効です。「どこを読んでいるかわからない」のですから，「どこを読んでいるかわかるようにする」というシンプルな方法です。

　この方法は，特に準備も必要ないので，手軽にできます。まずは，簡単にできる方法から試してみると，教師も子どももお互いにストレスが少なく取り組めるでしょう。

・文字を大きくしたものを用意する

　子どもによっては，「小さい字より大きな字の方が読みやすい」ということがあります。教科書を拡大コピーしたり，タブレットの画面上で表示を大きくしたりするとよいでしょう。

・スリットを使う（図）

　スリットとは，「切れ目」や「すき間」のことです。読むところだけ窓のようにあくアイテムを画用紙などでつくります。子どもは，このスリットを動かしながら読みます。

　やっていることは，先ほどの「指」のかわりにスリットを使用するだけです。このようなアイテムがあると，意欲が高まる子どももいます。

おなかのすいたろばは、
町へいくことにしました。
おんがくたいに入って、たのしく
くらそうとかんがえたのです。

ブレーメンの

・スラッシュを入れたものを用意する（図）

　いわゆる「スラスラ読む」ことが苦手な子どもの中には，文字を一つひとつ声に出す「拾い読み」をしていることがあります。

　例えば，「おなかのすいたろばは」と書いてある文章を，「お，なかの，す，いた，ろば，は」と途切れ途切れ読むような子どもです。

　スラスラ読むためには，「おなかの　すいた　ろばは」と，語のまとまりを意識しなくてはなりません。そこで，語のまとまりごとにスラッシュを入れることによって，どこまでが1つの語なのかをわかりやすくします。

おなかのすいたろばは、ブレーメンの
町へいくことにしました。
おんがくたいに入って、たのしく
くらそうとかんがえたのです。

「漢字のとめ・はねが書けない」子ども への支援の方法

仕事術 73 子どもによって評価のポイントを変える

　「漢字が書けない」と一言で言っても，その実態は様々です。実態を細かく分けて，どのような支援が効果的なのかを見ていきましょう。

　まず，「漢字のとめ・はねが書けない」ケースです。

　本人はちゃんと書いたつもりでも，「とめ」や「はね」がいつも書けていません。「とめ」や「はね」が正確に書けていないので，漢字のテストでは，「正解」の丸がもらえません。

　学級担任としたら，子どものうちに正しい漢字を書いてほしい，間違った漢字を覚えてほしくない，という思いがあるかもしれません。

　しかし，このような子どもは，漢字のテストで，いつも丸がもらえないのです。いつも丸がもらえないことが続くと，漢字の学習への意欲そのものをなくしてしまうことにつながりやすくなります。意欲をなくすことになっても，それよりも，正確に漢字を書くことを求めるべきなのでしょうか。

　つまり，**学級担任があまりに「とめ」や「はね」の厳正さにこだわりすぎると，子どもの学習への意欲を下げてしまう可能性がある**ということです。

　このような子どもの場合は，「とめ」や「はね」を正しく書くことにこだわらず，他人が読める字なら OK にするなど，子どもによって評価のポイントを変えることで意欲を高めることが必要です。

指導の場面のメリハリをつける

　読者のみなさんの中には，漢字の「とめ」や「はね」などを無視しても OK だとする指導に疑問を感じる方もいるでしょう。漢字を正しく書く指導をしなくてもよいのかは気にかかるところです。

　「いつなんどきも漢字を正しく書かなければならない」ことにこだわらなくてもよいと考えたらいかがでしょうか。国語科の授業の中でも，メリハリをつけた指導を行っていきます。

●「漢字のとめ・はねが書けない」子どもへのメリハリのある指導

・「書写」の授業では正しく書く指導をする

　国語科の「書写」では「点画相互の接し方や交わり方，長短や方向などに注意して，文字を正しく書くこと」（「小学校学習指導要領　国語」より）という指導内容が示されています。したがって「書写」の授業では，「正しく書く」ことを指導するべきです。

・「書写」以外の授業では他人が読める字なら OK にする

　例えば，いわゆる「作文」の学習活動で求められるのは，文章の構成などであって，正しい文字を書くことがメインではありません。国語科以外の教科の学習でも同様です。

　この理屈で考えると，書字が苦手な子どもが日常的にタブレットを使って文字を表すことが認められているケースも同じように考えることができます。「書写」の授業においてタブレットを使用することは，「書写」の授業の目的から外れているといえます。

「漢字を文章の中で使えない」子どもへの支援の方法

仕事術 75　予測変換機能を活用することを認める

　漢字そのものは書ける，けれど文章の中で使うことができない子どもがいます。これも「漢字が書けない子ども」といわれることがあるでしょう。

　「漢字を使うのが面倒くさい」という子どももいますが，そうではなく何らかの書字の障害に基づくものだと，努力しても漢字を文章で使えないということになります。

　このような子どもは，特に作文のときに，文章がひらがなばかりになります。そこに教師がこだわってしまうと，子どもが一生懸命書きあげた作文も，「ここのひらがなは，この漢字を使いましょう」というように先生の赤字がたくさん入ることになってしまいます。

　もちろん，そのような指導をするのは「漢字を正しく文章の中で使えるようになってほしい」という学級担任の願いからですが，子どもの作文を書くことへの意欲が減退してしまうことがあるかもしれません。

　これは「漢字のとめ・はねが書けない」子どものケースと，とてもよく似ています。

　まずは「漢字を作文の中で使うこと」に教師がこだわったり，それを評価の対象にしたりすることを見直してみましょう。

　例えば，タブレットの予測変換機能を積極的に活用することなどを考えます。

仕事術 76 評価のポイントを伝えたり，引き継ぎをしたりする

　国語科の授業やテストだと，ひらがなだけの文章を見ると，学級担任としてはなんとなく指導の対象としたい気持ちになります。しかし，社会科や理科のテストだったら，漢字で書くべきところをひらがなで書いたとしても，内容さえ合っていれば，そのままでよいことにすることもあるのではないでしょうか。

　「このときは〇だったけれど，このときは×だった」となると，子どもは混乱してしまうかもしれません。

　つまり，**学級担任としては合理的な判断をしていても，子どもがその評価を実感できていないところが，実は問題なのです**。特に小学校では，学級担任の裁量次第なので，学級担任が変わると評価が変わるということもあります。

●「漢字を文章の中で使えない」子どもへの評価の方法
・本人に評価のポイントを事前に伝えておく

　「国語科のテストでは漢字を使うようにしましょう」のように，教師の意図が子どもに伝わっていることが大切です。事前に伝えておくことが必要です。

・次年度に評価のポイントを引き継ぐ

　「国語科のテスト以外は，ひらがなだけでも OK にしていました」のように，次の学級担任に申し送りをすることが大切です。

　「前の担任の先生は理解してくれたのに」というように保護者が不信感を抱くことを防ぐことにもつながります。

「漢字を書く意欲が低い」子どもへの支援の方法

仕事術 77　一般的な方法にこだわらない

　漢字の学習は，小学校１年生からしばらくの間続く長期戦です。

　「漢字のとめ・はねが書けない」子どもや，「漢字を文章の中で使えない」子どもで見てきたように，まずは子どもの漢字の学習に対する意欲を高めていかなければ長期戦には対応できません。

　様々な原因により，漢字を書く意欲が低くなってしまっている子どもには，一般的な方法にこだわらず，子どもに応じて，いろいろな方法を試してみるとよいでしょう。

●漢字を書く意欲を高める方法例
・クイズ感覚で取り組めるようにする

　例えば，学習させたい漢字の一部を隠し，「たりない部分はどこかな？」「間違っているところはどこかな？」のようなクイズをしてみます。

・子どもの興味・関心からアプローチする

　例えば，電車が好きな子なら駅名から漢字を覚えるようにします。

・鉛筆で書くことにこだわらない

　例えば，黒板に大きく書く，砂に書く，毛筆で書く，粘土で立体的につくるといった方法があります。

仕事術 78 意欲が高まらない悪循環を断ち切る

　子どもなりにがんばって漢字の学習をしているのに，成果が出ないから「漢字を書く意欲が低い」子どもになってしまっていると考えてみたらどうでしょうか。成果が出なければ，やる気をなくしてしまうのは当たり前ともいえます。

　漢字の学習は，長期戦です。いくらやっても成果が出ない子どもにとっては，意欲がだんだん低くなるのに十分な経験の時間だといえます。

　このような「漢字を書く意欲が低い」子どもによく見られるのは，子どもに漢字の学習をさせようとしても，その働きかけが逆に子どもにやる気を失わせているパターンです。つまり，悪循環になってしまっているケースです。

　例えば，学校では居残りで勉強させてもやる気は出ない，家庭では親子バトルをしてもやる気は出ないといったようなケースです。これは，悪循環のパターンに陥っているといえます。

　悪循環を断ち切るには，漢字についての成果を出すことを一度保留にしてみることです。

●漢字についての成果を出すこと以外の目標

・時間を目標とする

　例えば，「1分間だけ」漢字の学習を行います。「1分間」できたら，それでOKとします。

・量を目標とする

　覚えるのではなく，例えば「10回書いた」という量をこなしたことを評価します。

算数科での特別な支援の方法

「文章題」の内容を
子どもの実態に応じて理解しやすくする

　算数科では，いわゆる「文章題」に困難がある子どもが見られます。

　計算問題は数と記号だけで表されていますが，「文章題」は，文章で何が問われているのかが表されています。文章を正確に読み取る必要があるということです。小学校１年生のひき算の例題をもとに考えてみましょう。

　あかぐみは　8にん　います。しろぐみは　5にん　います。

　あかぐみは　しろぐみより　なんにん　おおいでしょうか。

「あかぐみは　しろぐみより」というところですが，「**より**」という比較の**言葉の意味**がパッと理解できないと，この時点で問われていることがわからなくなってしまいます。

　また，文章を読むことに困難がある子どもは，「**こんな長い文章を読みたくない**」と，そもそも思ってしまうでしょう。「文章を読む」という行動そのものにとてもパワーが必要で，やる気を失いがちになります。

　そして，この文章を正確に理解することができたとしても，その次に「**式を用いて表す**」ことに困難を示す子どももいます。

> ・赤組の人と，白組の人を1対1で対応させる
>
> ・対応できなかった人の数が，「3」だとわかる
>
> ・人数の多い赤組の「8」から，人数の少ない白組の「5」を取り去っ
> たときの残りの数（＝3）が，同じであるということがわかる

　このような過程のどこかでつまずいてしまうのが，「式を用いて表す」こ
とが困難な子どもであるといえます。

●文章題の学習活動における特別な支援

・子どもの経験に基づいた場面を取り上げる

　この例題はとても具体的な内容ですが，さらに子どもの経験に基づいた場
面に変換してみます。

　例えば，運動会の「玉入れ」
の場面のイラストを用い，「赤
組と白組どちらが勝つかな？」
「赤組は人数が多くてズルだよ
ね」「ズルにならないためには，
白組はあと何人いればいいか
な？」とすれば，子どもが過去
に経験した運動会の場面などを
グッとイメージしやすくなるで
しょう。

・興味がある題材を取り上げる

　例えば電車に興味がある子どもだったら，「子どもの数」のところを「電
車の車両数」にしてみるとよいでしょう。それでも，意味は通じます。

　自分の興味があることに，とても反応を示す子どもには効果的です。

・具体物を用いて動作化する

ブロックなどを用いて，実際に「8」と「5」を並べてみると，パッと見て考えやすくなります。また，実際に手を動かすと考えやすくなります。

・文章を一部分ずつ示す

文章を理解することはできたとしても，どこから手をつけたらよいか，優先順位のつけ方に困難のある子どもがいます。

このような場合は，まず文章全体を示したあと，一部分ずつ示して，部分ごとに何をしたらよいかを考えるようにするとよいでしょう。

・図式化する

文章を数直線などで表すことで，視覚的になります。

仕事術 80 自分の強い感覚で課題解決を図れるようにする

算数科では，「空間図形」に困難がある子どもの姿も見られます。

一般的に，算数科の図形領域は，子どもの視覚的な空間認知の力が関係してきます。

> 角柱の側面，頂点，辺の数を調べましょう。

これは小学校5年生の教科書に出てくる問題です。

三角柱や四角柱などの三次元の立体が，二次元の平面に表されているため，物理的には見えない部分をイメージすることが求められます。平面で表されている点線の部分は見えない部分ですが，それを点線で仮想的に表していることをイメージする力が必要となるのです。それが空間認知の力です。

空間認知の力を補う方法として，子どもそれぞれの優位な感覚を用いることが考えられます。1章で紹介した「優位な特性に対応する（視覚優位，聴覚優位，運動感覚優位）」をこの学習活動に応用してみます。

	三角柱	四角柱	五角柱	六角柱
側面の数				
頂点の数				
辺の数				

●空間図形の学習活動における特別な支援

・見取り図や展開図を用いる

　立体の見せ方を変えることで理解を図れることがあります。これは視覚的な手段を用いていますので，視覚優位の子ども向きです。

・言葉で特徴を説明する

　「見えない下の面はどんな図形だと思う？」のように言葉でやりとりしながら進めていきます。これは言語的な方法ですので，聴覚優位の子ども向きです。

・立体模型をあわせて用いる

　触りながら確かめることができるようになります。これは触覚を活用した方法ですので，運動感覚優位の子ども向きです。

社会科での特別な支援の方法

仕事術 81 資料から必要な情報を見つけやすくする

　例えば，小学校4年生の「県の広がり」における主な資料は，地図です。地図から，自分たちの県は日本のどこに位置しているのか，どのような地形なのか，主な産業はどこに分布しているのか，鉄道や道路などの交通網はどのように広がっているのか，主な都市はどこに位置しているのかといった，テーマに応じて必要な情報を見つけたり，読み取ったりしていきます。

　しかし，このような資料の読み取りに困難があると，そのような活動に参加しにくくなります。

●地図の読み取りにおける特別な支援

・情報を拡大する

　情報が小さく示されていると見つけにくい子どもに対して，それなら大きくすればよいという発想です。

　この点で，デジタル化された資料は，わざわざ拡大したものを用意しなくとも，指先の操作1つで簡単に大きくしたり，小さくしたりすることができるので便利です。

・見る範囲を限定する

　必要な情報を見つけるということは，「必要ではない情報」もたくさんあるということです。

　「必要ではない情報」に目がいってしまうために，必要な情報が見つけにくいということも考えられます。

　情報が多いのであれば，見る範囲を限定することで，どこを見たらよいのかがわかりやすくなります。見るべき場所を囲んで示したり，あるいは不要な部分は隠したりする方法が考えられます。

・視点を明確にする

　「地図を見て何か気づいたことはありますか？」という発問は，いろいろなことに気づける反面，視点が絞れず考えることができない子どももいます。

　何に気づいたらよいのかという視点を明確にするとよいでしょう。「自分たちの県は日本のどこに位置しているか」「どのような地形が見られるか」など，視点を明確にすることによって，子どもは「何に気づいたらよい」ということがわかりやすくなります。

学習問題の一連の流れの段階ごとに支援を考える

社会科の学習問題に取り組むためには，大まかな流れがあります。

まず，学習問題に対して「どういうことなのだろう」と「問い」を立てる段階があります。

そして，その問いに対して，予想したり，調べたり，まとめたりという流れが続きます。

このような一連の活動をスムーズに行えることが，学習問題に取り組むためには必要です。しかし，この一連の活動における，それぞれの段階で特有の困難もあります。その困難でつまずくと，学習問題に取り組みにくくなります。

●学習問題への取り組みにおける特別な支援

・学習問題に気づくことが難しい場合

ただ「○○について調べてみましょう」と言葉だけで伝えるよりも，視覚的にイメージを喚起する方が効果的です。

例えば，「資源ごみはどのように再利用されているか」という学習問題の場合，授業の導入時に，身近な生活におけるリサイクルの場面の写真を見せることによって，「あっ，それ知っている！」と，子どもの共感的な理解を得やすくなるでしょう。

・予想を立てることが難しい場合

　「資源ごみはどのように再利用されているか」という学習問題に対して，予想を立てることが難しい子どもがいます。

　そのような子どもがいる場合は，あらかじめ「リサイクル施設」や「リサイクル施設で働いている人の様子」といったものをヒントカードとして作成しておくことが考えられます。

・情報収集や考察，まとめの場面で，考える際の視点が定まらない場合

　まとめの段階では，基本的には「自由にまとめてよい」とすることが多いと思います。

　しかし，「自由にまとめる」ということは，「どのようにまとめたらよいのか」がわからない子どもにとっては困難が生じやすくなります。

　そのような子どもがいる場合は，「見本」を用意しておくとよいでしょう。「このようにやればいいんだ」という見通しを得ることで，安心してまとめの学習に向かえるようになるでしょう。

理科での特別な支援の方法

実験の一連の流れを，子どもが理解しやすいようにする

　理科では，「実験」の活動があることが特徴的です。子どもたちにとっても，実験は楽しい学習活動の１つです。

　しかし，実験の手順や方法を理解できなかったり，見通しがもてなかったりすると，せっかくの実験の活動に参加しにくくなります。

　小学校４年生の「乾電池とモーターの回る速さ」の実験を例にして具体的に考えてみましょう。

　この単元では，「乾電池の数やつなぎ方を変えると，電流の大きさや向きが変わり，モーターの回り方が変わる」ということを理解するために，実際に乾電池やモーターを使用して，実験していきます。

　一見シンプルな実験ですが，子どもの立場に立ってみると，結構多くの段取りがあります。

　乾電池とモーターを導線でつないだり，スイッチを入れてモーターを回せるようにしたりするといった作業も，段取りよくできないと，いつまでたっても調べたいことにたどりつきません。

　また，ただ「モーターが回ったからよかった」という程度の結果では，実験としては不十分です。乾電池１個のときはどのように回ったか，２個のときはどのように回ったかといったような，実験から得られた結果などを，適切に記録してまとめていくことが求められます。

　そして，今日の実験からどのようなことがわかったのかを，最後に考えま

す。これが，「考察する」ということです。

　このような，一連の流れは，「実験の手順や方法」であり，子ども側からすれば活動の「見通し」だといえます。実験の手順や方法を理解できなかったり，見通しがもてなかったりする子どもに対しては，この一連の流れの中で，子どもが理解しやすいように支援することが必要です。

●実験における特別な支援

・実験の目的をはっきりさせる

　まず，「何のためにこの実験を行うのか」という目的をはっきりさせることです。

　目的をはっきりさせることで，実験の目的から外れてしまうことを防げるようになります。この「乾電池とモーターの回る速さ」の実験の場合だと，モーターが回ったことで楽しくなってしまう子どもや，回っているモーターに手をギリギリまで近づけてスリルを楽しむような子どもなど，本来の実験の目的から外れた楽しみに引きずられてしまう子どもが出てきやすいです。そのような子どもをただ注意するのではなく，「何のためにこの実験を行うのか」という目的をはっきりさせることで，結果的に実験の目的から外れてしまう子どもを支援することにつながります。

　実験中も，実験の目的を絶えず確認できるようにするために，板書や掲示物等で示していくことも効果的です。

・実験の手順や方法を視覚的に示す

　そもそも子どもに限らず，人間は手順がたくさんあると覚えられなかったり，忘れてしまったりするものです。

　教師の指示や説明だけで実験を行うのは無理があると思っておいた方がよいでしょう。例えば，実験の手順や方法をプリントにして配布したり，板書や掲示物で示したりすることが必要です。わからなくなったり，忘れてしまったりしても，すぐに確認することができるので，子どもは安心して実験に取り組めるようになります。

仕事術 84 早くできてしまった子どもへの支援を考える

　理科では，「観察」の活動もあります。

　観察は，パッと見るだけの活動ではありません。パッと見るだけではわからない物事の細部の様子を捉えることが観察には必要です。そのため，ある程度の時間をかけて行うことになります。

●観察における特別な支援
・観察すべき情報を絞る

　観察するということは，まず「観察に必要なもの」と「観察に必要のないもの」を見分けることが必要です。

　例えば，「季節と生き物の様子」の授業で，イチョウの木を観察するとします。どこに着目したらよいかがわからない子ども，すなわち「観察に必要なもの」と「観察に必要のないもの」を見分けられない子どもは，漫然とイチョウの木をただ見るだけといったことになってしまいます。

　「観察すべき情報を絞る」ということは，「色」や「葉っぱの様子」など，子どもが観察できるものの中から，さらに見るべき箇所を絞り込むというこ

とです。そうすると，「葉っぱが黄色になっている」「下に落ちている葉っぱもある」といったことに気づきやすくなるでしょう。

・ICT 教材を活用する

　観察の学習活動は，子どもたちの間で時間差が生じやすいです。早くできてしまう子どももいれば，時間をかけてゆっくり観察する子どももいます。

　特に，早くできてしまった子どもに対して，学級担任は「もっと見てごらん」とか「遊んでいてもいいよ」といったような指示をしがちです。せっかくの観察の学習の時間なので，もっと時間を有効に使いたいものです。

　早くできてしまった子どもが何をすればよいか考えておく必要があります。例えば，タブレットを使用して，イチョウの木についての多様な情報を調べることをあらかじめ子どもに伝えておきます。これは早くできてしまった子どもへの支援となります。

体育科での特別な支援の方法

仕事術 85　個別にスモールステップを取り入れていく

●マット運動における特別な支援

・スモールステップで取り組む

　「前転」が苦手な子どもについて考えてみましょう。

　前転は，しゃがんだ姿勢から手で体を支えながら腰を上げ，体を丸めながら後頭部→背中→尻→足裏の順にマットに接して前方に回転して立ち上がるといった，一連の運動です。しゃがんだ状態で体をゆらして反動をつける動きがスムーズにできなかったり，腕で体を支えることがうまくできなかったりすると，前転の一連の運動が行いにくくなります。

　いきなり前転の運動に取り組むのではなく，しゃがんだ状態で体をゆらして反動をつける動き（ゆりかご）や，腕で体を支える動き（かえるの逆立ち）などをあらかじめ行っていくことが，前転の運動のスモールステップとなります。

●ゲームにおける特別な支援

「ポートボール」のゲームで，どのように動いたらよいかわからない子どもについて考えてみましょう。

ポートボールは，子どもにとっては未知のゲームです。未知のゲームと出会ったとき，このゲームでは自分はどのように動いたらよいかということを理解しなければなりません。どのように動いたらよいかわからないと，ポートボールのゲームの場面だけでなく，練習の場面でも何のためにその練習をするのかが理解できません。

このようなゲームの活動で困難のある子どもに対しては，いきなりボールを使って練習させたり，ゲームに参加させたりする前に，スモールステップの支援を考えていくとよいでしょう。

・友達の動きやチームの動きを観察する

子どもによっては，まずゲームの全体像を把握することによって理解が進み，意欲が高まることがあります。この傾向は「同時処理型」の認知処理のタイプの子どもに見られます。（1章参照）

まず，ゲームをしている様子を見てから，活動に移るとよいでしょう。

・コートの図を用いる

人の動きは複雑ですので，どこを見たらよいのかわからない子どもがいます。

静的な図を見て理解していくことが有効なこともあります。

多様な場，用具，活動を用意する

●ハードル走における特別な支援

「ハードル走」は，自己の記録を伸ばしたり，目標とする記録を達成したりすることに適した運動です。そのためには，ハードルをリズミカルに走り越えることができるようにならなければなりません。

ハードル走における特別な支援の考え方のポイントは**「多様な場づくり」**です。つまり，子どもに応じた練習の場をいくつか用意するということです。

インターバルの距離やハードルの台数などを工夫することにより，多様な場を設定することができます。

例えば，ハードルを走り越えるときに，体のバランスをとることが苦手な子どもの場合は，インターバルを１歩分くらいにした「１歩ハードル走」の場や，短いインターバルでの「３歩ハードル走」の場などを設けるとよいでしょう。

●ベースボール型ゲームにおける特別な支援

「ベースボール型ゲーム」は，ボールを打つことによる攻めや，とったり投げたりする守りなどの基本的なボール操作と，ボールの飛球方向に移動したり，全力で走塁したりするなどのボールを持たないときの動きによって，攻守を交代するゲームをすることが求められます。

バットを使用するベースボール型ゲームにおける支援の考え方のポイントは**「多様な用具」**です。つまり，子どもに応じた用具をいくつか用意して，使えるようにするということです。

例えば，大きなバットや軽いバット，あるいはラケットなど，いくつかの種類のバットを用意することで，子どもが使いやすいバットを選ぶことができるようにするとよいでしょう。

ボールについても，投げたボールを打ち返すのか，静止したボールを打つのかによって変わってきます。ピッチャーが投げたボールを打ち返すゲームとした場合でも，子どもによっては静止したボールを打つことを認めるといったルールにするとよいでしょう。

●走の運動遊びにおける特別な支援

　「走の運動遊び」では，距離や方向などを決めて走ったり，リレー遊びをしたりすることがあります。

　走の運動遊びにおける特別な支援の考え方のポイントは**「多様な活動」**です。いくつかの活動を用意することによって，子どものできることを増やしていくようにするということです。

　例えば，「かけっこ」で，リズムよく走ることが難しい子どもがいたとします。いつも同じ運動をするだけではなく，一定のリズムで走る，速いリズムで走る，遅いリズムで走るなど，いろいろなリズムで走る運動を行うとよいでしょう。「かけっこ」という運動でも，多様な活動があれば，子どもができなかった動きができるようになっていくことが期待できます。

音楽科での特別な支援の方法

仕事術 87 「音楽を形づくっている要素」を視覚化，動作化する

　音楽科は，ただ歌えばよい，ただリコーダーを吹ければよい，ただ音楽を鑑賞して楽しめばよいという教科ではありません。当然ですが，音楽科のねらいに沿った学習活動を進めていく必要があります。

　音楽科には，歌唱，器楽，鑑賞，音楽づくりの学習活動があります。それらの学習活動を通して，音楽的な知識と感性を育てていくことが，音楽科のねらいです。

　音楽的な知識と感性を育てていくときのポイントになるのが，「音楽を形づくっている要素」です。例えば「リズム」は音楽を形づくる要素の１つです。音楽科ならではの要素であり，他の教科では出てこない要素です。

　リズムの他にも，速度，旋律，強弱，反復などが要素として挙げられます。これらは音楽科では〔共通事項〕として示されています。〔共通事項〕というだけあって，歌唱でも器楽でも鑑賞でも音楽づくりでも，音楽科の学習活動の中で共通して扱う要素なのです。

　〔共通事項〕に着目できるようになると，音楽科でより豊かな学習ができるようになります。逆にいうと，これらの要素に気づきにくい子どもには支援が必要になるのです。

●音楽を形づくっている要素に気づきにくい子どもへの特別な支援
・「音楽を形づくっている要素」を視覚化する

　音楽はそもそも，聴覚的な情報入力が主になるものです。「聴き取り」はすなわち，聴覚的な情報入力といえます。

　したがって，聴覚的な情報入力に困難さがある子どもは，「聴き取り」が難しくなるということです。

　子どもは，聴覚以外にも使える感覚があります。その１つは，「見ること」つまり視覚を活用していくことです。「見ること」つまり「視覚化」で聴き取りを支援していくというのが，特別な支援の考え方になります。

　例えば，リズムを聴き取りによって感じ取りにくい子どもであれば，「教師が拍を打っているところを見る」という方法が考えられます。リズムは目で見えないものですが，「拍を打っているところ」は目で見ることができます。「リズム」の他にも，「速度」や「強弱」といった要素は，「教師が拍を打っているところを見る」という方法で視覚化することが可能です。

　また，〔共通事項〕をカード化するという方法も，視覚化の方法です。カード化して黒板に貼ったり，掲示物にしたりしておくと，子どもは視覚的にこれらの要素に気づきやすくなるでしょう。

・「音楽を形づくっている要素」を動作化する

　例えば，音楽に合わせて一緒に拍を打ったり，音楽に合わせて体を動かしたりすると，身体の感覚を活用して，リズムや速度や強弱といった要素を感じ取りやすくなります。

　「指揮をとる」方法は，〔共通事項〕の「拍」を感じやすくなります。３拍子と４拍子の違いなどは，指揮をとってみると，とてもわかりやすくなります。速くとったり，ゆっくりとったりすることで「速度」を意識することができますし，力強さややさしさを表すことで「強弱」を意識することもできるようになります。

楽譜に注目しやすくするための支援を考える

　音楽科の教材として，特徴的なものは「楽譜」です。

　ピアノを習っているような子どもなら，スラスラ楽譜を読むことも可能かもしれません。

　しかし，「楽譜は苦手！」と構えてしまう子どももいるでしょう。実際，楽譜に接するのは学校だけという子どもが圧倒的に多いと思います。音楽科の授業だけでスラスラと楽譜を読めるようになるのは，なかなか難しいでしょう。心理的にも，楽譜を苦手とする子どもは結構多くいるのではないかと思われます。

　もちろん，全ての子どもがスラスラと楽譜を読めるようになる必要はありません。

　よく，音符の上に「ド・レ・ミ」と，音名をカタカナで記入していることがあります。そのように楽譜を読みやすくすることは何の問題もないわけです。

　しかし，音名がわからないといったことだけでなく，「今，どこを歌っているのかわからない」という子どももいます。つまり，楽譜をうまく追えていないケースです。こうなってくると，音名をカタカナで書くといったことも役に立たなくなります。

　歌唱や器楽の演奏の際に困難が生じやすいのは，楽譜をうまく追えていない子どもです。言い換えると，「楽譜のどこに注目したらよいのかわからない」状態であると考えられます。

　したがって，楽譜に注目しやすくするための支援を考えていきましょう。

●楽譜に注目しやすくするための特別な支援

・カードにする

　社会科での「地図の読み取りにおける特別な支援」，理科での「観察における特別な支援」にて，情報が多い場合に見るべき情報を絞るという考え方を紹介しています。

　楽譜もいろいろな情報が記載されているものです。どこに注目したらよいのかわからない子どもには，社会科や理科での支援と同じように，見るべき情報を絞るという方法が有効になると考えられます。

　楽譜の場合は，カード化することが効果的です。楽譜を部分的にカード化することで，どこを見たらよいのかを限定することができます。

　例えば，声部がいくつかあったり，楽器がいくつかあったりするような楽譜であれば，自分のパートのところだけを取り出した楽譜をカード化することが考えられます。また，長い曲であれば，フレーズのかたまりごとに切り取ってカード化することもできるでしょう。

・声部を色分けする

　声部がいくつかあったり，楽器がいくつかあったりするような楽譜であれば，「色分けする」ことが楽譜に注目しやすくするための支援になります。色分けは簡単に行うことができる方法です。

　例えば，ソプラノのパートは赤のアンダーライン，アルトのパートは青のアンダーラインを引くようにします。そうすれば，ソプラノの子どもは「自分は赤のところを歌えばいいんだ」と理解しやすくなるでしょう。

　掲示物や電子黒板などを使って，子どもたち全体に色分けした楽譜を示す方法もあります。個別に楽譜を配布するようであれば，楽譜のどこに注目したらよいのかわからない子どもにだけ色分けすると読みやすくなることを教えるとよいでしょう。

　そのような支援を日常的に行っていけば，「色分けすればわかる！」という成功体験を子どもが積んでいけるようになります。

図画工作科での特別な支援の方法

仕事術 89 「変化を見分けること」や「微妙な違いを感じ取ること」への支援を考える

　図画工作科は，絵や工作などがただうまくできればよいという教科ではありません。上手に作品をつくることが目的なのではなく，「造形的な見方・考え方」を育てることを目的とする教科です。

　「造形的な見方・考え方」とは，「感性や想像力を働かせ，対象や事象を，形や色などの造形的な視点で捉え，自分のイメージをもちながら意味や価値をつくりだすこと」であると学習指導要領解説では示されています。

　一番はじめに出てきた「感性」という言葉。これが，図画工作科における支援を考える際のポイントとなります。

　感性とは，いろいろな捉え方ができる言葉ですが，「造形的な見方・考え方」の文脈の場合は「変化を見分けること」や「微妙な違いを感じ取ること」という意味になります。

　例えば，青色の絵の具は，薄い青色に塗ることもできれば，濃い青色に塗ることもできます。同じ青色の絵の具を使ったとしても，友達の青色とは雰囲気が異なることがあります。友達の青色を見て「あの青色が素敵でいいな」と思うこともあります。これはまさに，「変化を見分けること」であり，「微妙な違いを感じ取ること」であるといえます。

　そのような感性の力がつくことによって，「この作品には，この青色を塗ろう」と考え，表現していくことができるようになっていきます。

　つまり，作品においては，その子どもの感性が必ず関わっているのです。

そのような感性を育てられる教科が図画工作科なのです。

　そのように考えると，「変化を見分けること」や「微妙な違いを感じ取ること」に困難があると，図画工作科での学習活動が難しくなってくるということができます。

●変化を見分けたり，微妙な違いを感じ取ったりすることが難しい子どもへの特別な支援

・明確化する

　「変化を見分けること」や「微妙な違いを感じ取ること」が難しいのは，その変化や微妙な違いが子どもにとってわかりにくいからかもしれません。

　そのような子どもであれば，変化や微妙な違いがはっきりとわかるようにしてあげるとよいでしょう。例えば「ここが違うよね」と違いを意識できるように声かけすることが考えられます。

　これは，「明確化」の手法といってよいかもしれません。「わかりにくいものは，はっきりと示す」のが「明確化」です。

・多様な材料や用具を用意する

　子どもが使う材料や用具にバリエーションをもたせます。

　例えば，絵を描くときに，「八つ切り」「四つ切り」の二種類の画用紙を用意しておき，「どちらを使用してもよいです」とします。

　もちろん作品の製作上，適切な大きさの画用紙があると思いますが，このように画用紙の大きさを子どもが選べるようにすることの効果を一度子どもの視点に立って考えてみたらいかがでしょうか。

　子どもの立場になってみると，そのテーマを表すためには，または自分が表したいものは，どちらの大きさの画用紙を使った方がよいのかということを考えることになります。

　つまり，対象物を表すのに「どちらの画用紙を使ったらよいか」を考える場を設定することで，対象物を表す際の違いに気づけるようにしていくとい

うことです。

　繰り返しますが，「この絵は四つ切りの画用紙で描くこと」という指導上の意図がある場合もあります。しかし，「何を育てたいか」という子どもの資質・能力を重視する場合は，このような方法をとってもよいわけです。

・種類や数を絞る

　大型スーパーマーケットのドレッシング売り場には，多種多様なドレッシングが置いてあります。筆者はいつも，どれを買えばよいか迷ってしまいます。

　これは，ドレッシングの種類の選択肢が多いために，迷ってしまうのだと思います。

　先ほどの「多様な材料や用具を用意する」とは真逆の発想になりますが，情報の量が多くて選べないときは，情報の量を絞っていけば，迷わなくてすむようになるといえます。

　子どもによっては，選択肢がありすぎるのが原因で，「変化を見分けること」や「微妙な違いを感じ取ること」にたどりつかないことがあります。そのような状態であるならば，「こっちとこっちだったらどっちがいい？」のように二択くらいで整理してあげると違いに気づきやすくなるでしょう。

仕事術 90 　自分や友達の感じたことや考えたことを言葉にする場を設定する

　図画工作科の学習活動においては，「形や色などの特徴を捉えること」や「自分のイメージをもつこと」も重要です。

●形や色などの特徴を捉えることや，自分のイメージをもつことが難しい子どもへの特別な支援

・自分や友達の感じたことや考えたことを言葉にする場を設定する

　教師による直接的な支援ではなく，友達同士の関わり合いの中で，形や色などの特徴を捉えたり，自分のイメージをもてたりするようにしていく方法です。

　例えば，鑑賞の学習活動をグループで行います。友達の表現を聞いて「そのように言えばいいんだ」とか，「あの友達の表現はカッコいいな」といったような影響を受けることがあります。そのようなことを踏まえて，「鑑賞シート」のようなワークシートで，「友達の表現で気に入ったこと」を記述するようにしていけると効果的です。

家庭科での特別な支援の方法

仕事術 91 活動への関心をもちやすくする

　家庭科は，衣食住などに関する実践的・活動的な学習が特徴の教科です。

　例えば，野菜をゆでるなどの調理や，布を使ったティッシュケースづくりなどの製作の活動を行いますが，そのような活動への関心をもつことが難しいと，活動そのものに参加しにくくなります。

●活動への関心をもつことが難しい子どもへの特別な支援

・掲示物やカード，動画等を使う

　調理では，材料に応じた洗い方や，調理や食べやすさに配慮した切り方，適度な味のつけ方，おいしく見える盛りつけ，適切な配膳の仕方，後片づけの仕方などを，視覚的に捉えられるような掲示物やカードを作成すると，子どもたちにとってもわかりやすくなります。

　製作の活動でも同様に，作品を仕上げるための製作手順や，手縫いやミシン縫いによる縫い方などについて，約束や注意点，手順等を視覚的に捉えられる掲示物やカードを作成することが効果的です。

　また，最近では動画を活用する実践例も増えてきました。活動中に自分が困ってしまったタイミングで動画を参考にすればよいので，かなり個別の要求に応えることが可能となります。

・体感的に理解できる材料や活動を工夫する

　調理の際に「野菜を洗う」という作業があります。しかし，子どもによっては「なぜ洗わなければならないのか」を理解できていないこともあります。「言われたから洗う」という子どもも多いでしょう。教師に「言われたからやる」という活動だと，子どもは活動に意味を見出すことができません。

　したがって，なぜその作業が必要なのかを体感的に学ぶことができるような教材や教具等を用意することが考えられます。

　例えば，ほうれん草などの青菜は，根や茎のつけ根，葉のひだの部分に泥がついていることが多いです。そのような泥がついている素材をあえて使用して，気づかせることによって，「泥がついていることがあるから洗うことが必要なんだ」ということが体感的にわかるようになるでしょう。

　また，調理では味を体感できます。特に食塩は，わずかな量の違いで味の濃さが異なることになります。ここに「味見をする」ことの必要性が生じま

す。「味見」は子どもたちにとっても興味のある作業工程の1つですが，何のためのその作業が必要なのかというところを体感的に理解できるものにしていくことが大切です。

仕事術 92 活動の際に環境調整をする

　家庭科では，学習活動に必要な用具や食器などの取扱いを安全に，衛生的に行うことが求められます。

　調理の活動においては，包丁や加熱用調理器具は安全に取り扱わないとケガや事故につながることもありますし，食材は衛生的に取り扱わないと食中毒につながってしまいます。

　製作の活動でも，針類，はさみ類，アイロン，ミシンなどの用具は安全に取り扱わなければなりません。渡すとき，持ち運ぶときなど，場面ごとに安全に扱う方法は変わってきます。

　しかしながら，包丁や針を友達に向けてしまうような危険な行動をしてしまう子どもがいます。

　特別な支援を必要とする子どもに中には，やってはいけないことは十分にわかっているのに，やってしまうという子どもがいます。このような子どもは，何度も注意したところで効果がないことがあります。

　衝動性のある子どもは，衝動の抑制が難しかったり，自己の状態の分析や理解が難しかったりすることがあります。つまり，危険な行動を「わざとやっているようで，わざとやっているわけではない」状態であり，衝動的にやってしまっていると考えるのが適切です。

　このような子どもに対しては，「包丁や針を，友達に向けてはいけません」といくら指導しても，効果が出にくいかもしれません。

　また，本来の調理や製作の活動は，子どもたちにとって楽しい活動になる

はずです。子どもも注意されるばかりになってしまうのは非常にもったいないことです。

●危険な行動をしてしまう子どもへの特別な支援
・集中して取り組める環境を整える

　危険な行動をしてしまうのは，本来やらなければならない作業に集中できなくて，何かの別の刺激に反応してしまうためであるとも考えられます。

　したがって，刺激の量を減らすためにも，まず，机上を整理することから始めるとよいでしょう。机上を整理することで，余計なものが目に入らなくなります。つまり，手元に集中できる環境が整うわけです。

　不適切な行動のみに目を向けるのではなく，本来の活動を行いやすくするための環境を整えるという考え方をしていきましょう。

・作業スペースを確保する

　どうしても他の友達の存在が気になってしまって，活動に集中できず，危険な行動につながってしまうケースもあります。

　このような場合は，物理的な距離を離すという考え方が必要になってきます。

　家庭科室が，グループでの作業がしやすいように，隣や前の子どもとの距離が物理的に近くなっていることがあるかもしれません。物理的な距離が近ければ，わざとやっているつもりはなくとも，誤って包丁や針が友達に近づいてしまうこともあります。つまり，物理的な原因によって，危険なことが起こり得る可能性が高い環境であるといえます。

　例えば，グループの人数を減らして，なるべく子ども同士が接触しないようなスペースを確保するということが考えられます。

　また，特別な支援が必要な子どもの位置を個別に配慮することも考えられます。例えば，教師が確実に様子を把握できる場所で活動できるようにしたり，個別の対応ができるような作業スペースを設けたりする方法があります。

道徳科での特別な支援の方法

仕事術 93 読み物教材でうまく学べない子どもへの支援を考える

　道徳科の授業では，読み物教材を使用することが中心になっています。

　もちろん読み物教材は，道徳科の内容項目に迫ることができるようになっているものです。

　読み物教材をもとにして子どもが道徳的な価値について考える学習活動を行っていけば，道徳科のねらいを達成できるようになります。

　しかし，読み物教材でうまく学べない子どもには，支援が必要になってきます。

●読み物教材でうまく学べない子どもへの特別な支援

・読み物教材が読めない場合

　道徳科の授業の特徴として，読み物教材を使用することが中心だと述べましたが，そのため道徳科は国語科になんとなく似ている印象があります。

　当然ですが，道徳科と国語科のねらいは同じではありません。

　しかし，読み物教材が読めない子どもへの支援を考えるときには，国語科で行っている特別な支援を道徳科でも行うという考え方があるとよいでしょう。

　ここで，もう一度，国語科で紹介した「音読における特別な支援」を見てみましょう。

・教科書の文を指で押さえながら読むよう促す

・文字を大きくしたものを用意する

・スリットを使う

・スラッシュを入れたものを用意する

これらは，読み物教材を読みやすくする支援ですので，道徳科の授業のときにも行っていくとよいでしょう。

このように，**ある教科で学んだ方法を，他の教科でも使えるようにしていくことが，特別な支援の視点として欠かせません。**

以前より，特別支援教育では「般化」という言葉を大切にしてきました。つまり，学んだことを，他の場面でも使えるようにしていくということです。

・登場人物の心情理解をすることが難しい場合

よく，道徳科の読み物教材において，「このときの登場人物はどんな気持ちだったでしょう」と発問することがあります。

この発問自体がよくない，というわけではありません。

しかし，このような登場人物の気持ちを考えなければならない発問が延々と続くと，「登場人物の心情理解をすることに困難がある子ども」は授業に参加しにくくなります。

そもそも道徳科で「読み物の登場人物の心情理解」が必要なのかどうかを考えてみたいと思います。

学習指導要領解説では，「読み物の登場人物の心情理解のみに偏った形式的な指導が行われる例がある」と，そのような授業は望ましくない例として指摘されています。

したがって，「登場人物の心情理解をすること」への支援を考える前に，「登場人物の心情理解をすることだけに偏った授業」を見直すことの方が先決だといえます。

誤解のないように繰り返しますが，「登場人物の心情理解がよくない」というわけではありません。「心情理解だけに偏っている授業」が問題なのです。

　場合によっては，登場人物の心情理解が効果的なこともあるでしょう。そのような前提において「登場人物の心情理解をすること」に困難がある子どもに対する支援としては，「選択肢を設ける」という方法があります。

　選択肢を設けることで，読み物の登場人物の心情理解をすることに困難がある子どもでも，その選択肢の中で，どれが自分の意見に一番近いのかを考えればよいことになります。

　選択肢の中から選んだ上で，どうしてその選択肢を選んだのかを言語化することにより，ねらいとしている道徳的な価値の理解につなげることができるようになります。

仕事術 94 ケースバイケースの理解がしにくい 子どもには，個別に対応していく

　道徳科の授業で「元気にあいさつすること」を学習したとします。ある子どもは，学習したことをしっかりと行おうと思い，学校の中だけにとどまらず，登下校の途中で出会った見知らぬ人にも大声であいさつしたり，大事な話をしている人たちに割り込んで大声であいさつしたりしていました。

　これは，道徳科で学習したことを杓子定規に実践してしまったケースです。しかし，子どもにしてみたら，道徳科の授業で学んだとおり「元気にあいさつした」だけなのです。「元気にあいさつする」といっても，「学校の中では，知っている人だけでなくお客様に会ったときも元気よくあいさつする」「大事な話をしている人には，会釈や静かにあいさつするとよい」といったように，実際の生活ではケースバイケースなことが多いわけです。このようなことが理解しにくい子どもには，個別に対応していくことが必要です。

●ケースバイケースの理解がしにくい子どもへの特別な支援
・「場面」「ふさわしい行動」「理由」をセットにして教える

　「○○のときは，△△するんだよ。なぜかというと××だからね」というように，「場面」「ふさわしい行動」「理由」をセットにして教えていきます。

　たとえ，多くの子どもは当たり前だと思っているようなことでも，具体的に教えていくことが必要です。

・どうすればよかったのかを一緒に振り返る

　自分の行動を振り返ることができる力のある子どもの場合は，一緒に行動を振り返り，「どうすればよかったのか」を考えていくことが効果的です。

　もし通級指導教室を利用しているような子どもであれば，通級と連携しながら指導していくとよいでしょう。

総合的な学習の時間での
特別な支援の方法

仕事術 95 各教科で行ってきた支援を応用する

　総合的な学習の時間は，以下のような一連の流れに基づいて展開される学習活動が多いです。

　・課題（テーマ）を設定する

　・情報を収集する

　・情報を整理・分析する

　・情報をまとめる

　・発表する

　・振り返りをする

　総合的な学習の時間は，各教科等で身につけた力を活用したり，発揮したりしながら，問題解決に向けて取り組んでいく視点が必要です。

　各教科で行っている特別な支援の方法は，総合的な学習の時間でも同じように行っていくことになりますが，それをもう1つ進めて，子ども自身が各教科で「こうすればできるようになった」という成功体験を，これらの一連の流れでも生かしていけるようにしていくことが大切です。

　各教科で行ってきた支援を応用する場が，総合的な学習の時間であるともいえます。

仕事術 96　一連の流れの段階ごとに 支援の方法を考える

●「課題（テーマ）の設定」の段階における特別な支援

・視点を明確にする

　これは社会科の「地図の読み取りにおける特別な支援」で紹介した方法の応用です。

　例えば，「私たちの町について」のようなテーマだと，私たちの町の「何を」探究したらよいのかが不明確です。視点をさらに明確にするとよいでしょう。「私たちの町の交通機関について」とすれば，子どもも「何を」探究したらよいのかがより明確になります。

・現在の関心事を核にして，それと関連する具体的な内容を示していく

　関心のもてる範囲を軸にするという考え方です。「私たちの町について」がテーマの場合，鉄道に興味がある子どもは自分の町の鉄道のことには興味を示すでしょう。

　そこから関連する内容を示します。例えば，「駅の写真」をもとにしたら，駅はいろいろな人が利用していることに気づけるかもしれません。そうしたら，いろいろな「問い」が生まれます。

　問いが生まれると，学習が深まったり，広がったりします。もともと興味や関心がある内容でも，問いがあることで学習として発展していけます。

●「情報の収集」の段階における特別な支援

・調べる範囲を限定する

　これは社会科の「地図の読み取りにおける特別な支援」で紹介した方法の応用です。

　情報を集めすぎても扱いきれません。したがって，「情報の収集」の段階で，調べる範囲をある程度限定するとよいでしょう。調べる範囲を限定すると，子どもからすると「どこを調べたらよいのか」がわかりやすくなります。

　例えば，インターネットで調べるような場合は，「このサイトで調べるといいよ」といったように調べるサイトを限定します。そうすることで，他のサイトの刺激に惑わされなくなります。

●「情報の整理・分析」の段階における特別な支援

・カードにする
・色分けする

　これは音楽科の「楽譜に注目しやすくするための特別な支援」で紹介した方法の応用です。

　情報が多く集まってきたときには，その情報を整理することが必要です。その整理の仕方として，カードにしたり，色分けしたりする方法は子どもにとってもわかりやすいものとなります。よく行われている「大事な情報には赤線を引く」ということも，色分けを用いた方法です。

・比べる視点の焦点を明確にする

　調べている内容を何かと「比べる」という方法は，情報の整理や分析の際に使える方法です。その際に焦点を明確にすることがポイントです。

　例えば，鉄道について「他の町の鉄道とどのような違いがあるか比べてみる」というのは，まだ焦点がぼやけています。「利用するお客さんの数」に焦点化したとしたら，そこから鉄道の時刻表の違いや，車両の数などの違いに発展させていけるでしょう。具体的なイメージをもって比較することがで

きるようにしていくとよいです。

●「情報のまとめ」の段階における特別な支援
・見本を示す

これは社会科の「学習問題への取り組みにおける特別な支援」の「情報収集や考察，まとめの場面で，考える際の視点が定まらない場合」で紹介した方法の応用です。

まとめ方の見本を用意しておくと，「このようにやればいいんだ」という見通しにつながっていきます。見通しを得ることで，子どもによっては安心して情報をまとめることができるようになるでしょう。

●「発表」の段階における特別な支援
・紙やホワイトボードに書いたものを提示する
・ICT 機器を活用する

これらは国語科の「『話すこと・聞くこと』の学習活動における特別な支援」で紹介したとおりです。

●「振り返り」の段階における特別な支援
・自分や友達の感じたことや考えたことを言葉にする場を設定する

これは図画工作科の「形や色などの特徴を捉えることや，自分のイメージをもつことが難しい子どもへの特別な支援」で紹介した方法の応用です。

自分の学習を振り返るのはもちろんですが，友達の発表から「そのように言えばいいんだ」とか，「あの友達の発表はよかったな」といったような影響を受けることもあります。ワークシートで，「友達の表現で気に入ったこと」を記述するようにしていけると，今後の学習活動に生かすことができるようになります。

授業にだんだんついていけなく なっている子どもへの支援の方法

仕事術 **97** これまでできていたことを認める

　学級担任は，子どもたちの学年に合わせた指導を行います。

　もしかしたら，学級にはその学年の学習内容の授業についていくことが難しい子どもがいるかもしれません。しかし，授業についていけないからといって，その子どもにだけ合わせた学習内容の授業を行うのは，これまで見てきた仕事術を駆使しても，現実的には難しいです。

　授業についていくことが難しい子どもの中には，低学年のうちはなんとか授業についていくことができていたという子どもがいます。学年が上がるにつれて，だんだんと授業に参加しにくくなり，特に高学年では対応が難しくなります。

　一般的に学習内容というものは，学年が上がるにつれて「量」が増え，「質」が高くなるものです。漢字でいえば，１年間で覚える「量」は学年が上がるにつれて，だんだんと増えていきます。漢字の画数が多くなってくることも，「量」的に子どもに負荷がかかります。低学年のうちは少ない画数で書ける漢字ばかりだったけれど，学年が上がるにつれて画数が多くなると，必然的に子どもの作業量は増えるわけです。

　「量」の問題だけでなく，だんだんと抽象的な意味の漢字や，同じ読み方でも意味の違う漢字など，「質」的な負荷もかかってきます。ただ覚えるだけではなくて，文章の中で使っていけるかどうかが問われることも，学習の「質」に関連するといえます。

ここでは，高学年の学級担任として，授業にだんだんついていけなくなっている子どもに対して，どのように対応したらよいのかを考えてみましょう。

●授業にだんだんついていけなくなっている子どもへの対応
・「できる」ことがある事実を認める
　このような子どもに限らずですが，学級担任はどうしても子どもの「できない」ところが気になるものです。

　しかし，見方を変えれば，この子どもは低学年までは，学習が「できる」状態だったわけです。「量」や「質」の負荷が少ないものであれば，学習可能なのです。

　まず，このような子どもの状態を教師が適切に認めていくことがポイントとなります。決して「全てができない子ども」ではないのです。

・ポジティブな声かけをする
　教師が適切に認めていないと，子どもに「あなたはできない」というメッセージを日々送ってしまいがちになります。このようなメッセージは，さらなる学習活動への意欲や自己肯定感や自尊感情の低下を引き起こします。

　むしろ，なるべくポジティブな声かけが必要な子どもなのです。

・担任だけで何とかしようと思わない
　学級担任は，自分が受け持った学年の間に「なんとかしたい」と思いがちです。しかし，当たり前のことですが，子どもの学習は，少なくとも学校にいる間はずっと続いています。

　次年度以降のことも考え，今，何が必要なことなのかを，いろいろな視点から考えることが必要です。授業についていけないというのは，子どもの1つの側面にすぎません。

ペースの維持を目指す

　子ども自身が，授業にだんだん参加しにくくなってきていることに気づいていることも多いでしょう。

　このような子どもで気をつけたいのが，「どうせ，自分は何をやってもうまくいかない」というような自己否定モードにつながってしまうことです。

　これは，学習の意欲の低下だけではなく，自分自身全体に対する評価も下がってしまいます。よく，自己肯定感や自尊感情という言葉が学校で使われますが，まさに自己肯定感や自尊感情が低下している状態です。

　そうなってくると，「どうせ勉強できないから学校に行きたくない」と不登校になってしまったり，情緒的に不安定な状態になってしまったり，様々な新たな困難を引き起こしたりすることがあります。

　この構図は，「**二次的な障害**」といいます。

　「授業についていくことができない」ということは，もしかしたら知的な遅れがあったり，LD（学習障害）があったりという，その子どもの「一次的な障害」が原因かもしれません。一次的な障害には，1章で取り上げたADHD（注意欠如・多動症）やASD（自閉スペクトラム症）などの発達障害も該当します。

　不登校や情緒の不安定などの新たな困難は，一次的な障害によって後天的に負ってしまった二次的な障害といえます。

　一次的な障害のある子どもは，学年が上がるにつれて，二次的な障害へと移行してしまうリスクがあります。

　したがって，学年が上がるにつれて，授業にだんだんついていけなくなってきている子どもは，二次的な障害のリスクが非常に高い子どもたちなのです。学級担任としてできることは，なるべく二次的な障害のリスクを減らしていくことになります。

● 「二次的な障害」の視点での学級担任の指導・支援のポイント

・キャパオーバーであることに気づく

　先ほどの漢字のたとえでいえば，漢字の「量」が増えたり，漢字の「質」が高くなったりしたことによって，自分が処理できる状況をはるかに超えてしまっている状態であると考えられます。

　つまり，自分のキャパシティを超えている状態，キャパオーバーであるということです。

　学級担任は，キャパオーバーになってしまっている子どもに対しても，他の子どもと「同じようにさせなきゃいけない」と思いがちです。子どものキャパオーバーを招くような指導は，子どもの二次的な障害を引き起こしやすくなるということを，まずは理解しておくとよいでしょう。

・ペースの維持から学習の習慣化を目指す

　二次的な障害のリスクを踏まえると，このような子どもに対しては，自分の学習のペースをつくること，そして，そのペースを習慣化していくことを目指すとよいでしょう。

　この場合，「量」について配慮することの方が取り組みやすいです。

　例えば，「1日に5個漢字を覚える」ということを行っていた場合，「1日1個漢字を覚える」というように，覚えるべき漢字の「量」を減らします。子どもからしたら5個覚えなければならないところが1個になるわけですから，だいぶ負担は軽くなります。

　ここで大切なことは，「漢字を覚える学習をすること」のペースを維持できるように支援していくということです。つまり，学習習慣のペースづくりをすることを最優先事項とするのです。そのために覚えなければならない漢字の「量」については配慮をするということです。例えば，「1日1個漢字を覚える」というような学習習慣をつけることを目標としていくのです。

どの授業にも困難がある子どもへの支援の方法

仕事術 99 知的な遅れのある子どもには抽象的な言葉をフォローする

　どの授業にも困難がある子どもの中には，知的な遅れのある子どもがいます。知的な遅れのある子どもへの指導のポイントは，「抽象的な言葉」をわかりやすくすることです。

　小学校の学習内容においても，低学年のうちは具体的な内容を取り扱います。3年生くらいから，学習内容の抽象度が上がっていきます。知的な遅れがある子どもは，抽象的な言葉の理解が難しいため，3年生以降の教科の学習全般に困難が生じやすくなるといえます。

●知的な遅れがあり，授業に困難が生じている子どもへの対応

・具体的な言葉を添えていく

　例えば，「仲よくする」は，やや抽象的な言葉です。「友達の話を最後まで聞く」「友達をたたかない」など，具体的な内容を添えて伝えていきます。具体性の積み重ねによって，抽象的な言葉を理解できるようにしていきます。

・視覚的にわかりやすく伝える

　例えば，「分数」は抽象的な概念です。図にして「分数」を教えるというように，視覚的にわかりやすく伝える方法を用いるとよいでしょう。

仕事術 100 子どもの優位な特性や，認知処理の特性に応じた学習方法を行う

　授業の中で，子どもたちが「文字を書く」ことは当たり前すぎて実感がわかないかもしれませんが，「文字を書く」ことができるかどうかが，授業に参加できるかどうかのポイントになります。

　特に高学年になるにつれて，どの教科でも「文字を書かない」授業などめったにないでしょう。また，テストなど，評価の場面でも「文字を書く」ことを求められることがほとんどです。よって評価においても「文字を書く」ことが苦手な子どもは圧倒的なハンデを背負うことになります。

　このように，「文字を書く」ことが苦手な子どもは，どの授業にも困難があるということになります。

●「文字を書く」ことが苦手で授業に困難が生じている子どもへの対応

・文字を書きやすくするために

　1章で紹介した「優位な特性に対応する方法」「認知処理の特性に対応する方法」を参考にしていただくとよいでしょう。その子どもの優位な特性や，認知処理の特性に対応した文字の学習方法を行っていくことが効果的です。

・文字を書かなくてもすむようにする

　鉛筆で文字を書くことのかわりに，タブレットで入力したものを教師に送信するという方法が考えられます。

　実際，ほとんどの教科の目標を考えたとき，鉛筆で「文字を書く」ことにこだわる必要はありません。逆にいうと，教科の目標を学級担任はしっかりと理解しておく必要があると思います。

おわりに

　筆者は，少年時代にファミコンに夢中になっていた世代です。
　いわゆる RPG（ロールプレイングゲーム）が大好きでした。

　RPG では，主人公はアイテムを取ることによって，いろいろなことができるようになります。そして，難所をクリアして，ゲームの目的を達成します。

　通常の学級での特別支援は，RPG で例えるなら，子どもたちが「アイテムを取りやすいようにすること」に似ていると思います。
　だとすると，学級担任の役割は，子どもたちが「アイテムを取りに行けるように支援する」ということになります。
　そのアイテムは，形として目に見えるものだけではないかもしれません。無形のアイテムを見抜くのは，学級担任の専門性です。

　もしかしたら，学級担任と「仕事術」の関係も同じかもしれません。
　学級担任も「仕事術」というアイテムを身につけることで，授業づくりや学級経営という難所をクリアし，子どもたちの成長に寄与するという目的が達成できるようになります。
　子どもと違うのは，学級担任は自分自身で「仕事術」を見つけていかなければならないところでしょうか。本書が，学級担任の先生方の「仕事術」の獲得のためのアイテムになれるのであれば幸いです。

　本書の出版にあたり，企画・構想段階からご指導・ご支援いただきました明治図書出版の茅野現様に，心より感謝申し上げます。

参考文献

・藤田和弘　著『「継次処理」と「同時処理」　学び方の2つのタイプ：認知処理スタイルを生かして得意な学び方を身につける』図書文化社　2019年

・藤田和弘　監修／熊谷恵子・青山眞二　編著『小学校　個別指導用　長所活用型指導で子どもが変わる Part 2：国語・算数・遊び・日常生活のつまずきの指導』図書文化社　2000年

・安藤俊介　監修『もう怒りで失敗しない！　アンガーマネジメント見るだけノート』宝島社　2021年

・上嶋惠　著『発達の気になる子の「聞く力」を伸ばすトレーニング＆指導事例集』ナツメ社　2022年

・石井遼介　著『心理的安全性のつくりかた：「心理的柔軟性」が困難を乗り越えるチームに変える』日本能率協会マネジメントセンター　2020年

・熊谷恵子　監修／安藤瑞穂　著『ADHD のコーチング　実行機能へのアプローチ：「わかっていても，やる気が出ない，続かない」への対応策』図書文化社　2019年

・岡田尊司　著『生きるのが面倒くさい人：回避性パーソナリティ障害』朝日新聞出版　2016年

・赤坂真二　著『学級経営大全』明治図書　2020年

・米澤好史　著『事例でわかる！　愛着障害：現場で活かせる理論と支援を』ほんの森出版　2020年

・鈴木庸裕・住友剛・桝屋二郎　編著『「いじめ防止対策」と子どもの権利：いのちをまもる学校づくりをあきらめない』かもがわ出版　2020年

・海津亜希子・杉本陽子　著『多層指導モデル MIM　アセスメントと連動した効果的な「読み」の指導』学研教育みらい　2016年

・関根健夫・鈴鹿絹代　著『公務員の窓口・電話応対ハンドブック』学陽書房　2013年

【著者紹介】
増田　謙太郎（ますだ　けんたろう）
東京学芸大学教職大学院准教授。
東京都町田市出身。東京都公立小学校教諭（特別支援学級担任），東京都北区教育委員会指導主事を経て，現職。専門はインクルーシブ教育，特別支援教育。

【著書】
『「特別の教科　道徳」のユニバーサルデザイン　授業づくりをチェンジする15のポイント』（明治図書）
『「音楽」のユニバーサルデザイン　授業づくりをチェンジする15のポイント』（明治図書）
『特別支援教育コーディネーターの仕事術100』（明治図書）
『特別支援学級担任の仕事術100』（明治図書）
『通級による指導担当の仕事術100』〔共著〕（明治図書）
『学びのユニバーサルデザイン UDL と個別最適な学び』（明治図書）

〈本文イラスト〉
塗塀亜也

特別支援教育の視点で考える学級担任の仕事術100

2023年９月初版第１刷刊　Ⓒ著　者　増　田　謙　太　郎
　　　　　　　　　　　　　発行者　藤　原　光　政
　　　　　　　　　　　　　発行所　明治図書出版株式会社
　　　　　　　　　　　　　http://www.meijitosho.co.jp
　　　　　　　　　（企画）茅野　現　（校正）嵯峨裕子
　　　　　〒114-0023　　東京都北区滝野川7-46-1
　　　　　振替00160-5-151318　電話03(5907)6702
　　　　　　　　　ご注文窓口　電話03(5907)6668
＊検印省略　　　　　　組版所　長野印刷商工株式会社

Printed in Japan　　　　　　　ISBN978-4-18-235523-3
もれなくクーポンがもらえる！読者アンケートはこちらから
→